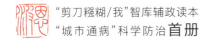

"剪刀糨糊/我"智库辅政读本

"城市通病"科学防治**首册**

一纸缠

"老剪报"杠上小广告

YI ZHI CHAN

LAOJIANBAO GANGSHANG XIAOGUANGGAO

王　力／著

人民出版社

北京日报出版社

必须用极大的努力去学会管理城市和建设城市。

——毛泽东

各级领导干部要加快知识更新、加强实践锻炼，使专业素养和工作能力跟上时代节拍，避免少知而迷、无知而乱，努力成为做好工作的行家里手。

—— 习近平

目 录

Contents

学做称职的"读报用报人"

作为专业从事"策略研究"的民间智库，15年前，当工作重心循序渐进向政府课题转轨变型时，在研究所的资料库里，有关"城市管理"和"宜居建设"的资讯可谓少之又少。或许是缘分，或许是巧合，一幅在美国考察期间拍摄的照片放在了相关图库的首页，图片所示，正是散落在发达国家城市街头、用于张贴免费广告的"公共广告柱"。

此物其实国内早已有之，且似曾相识，似曾相知。25年前，借为客户提供外脑服务之便，不仅打过它的"歪"主意，撩拨过它的鬼灵精，同时还守正出奇将这些傻大黑粗雕刻成了一朵朵上得席面、入得报面的"萝卜花"。相关"话中话"附后，开篇就不喧宾夺主了。

话说至此，图说至此，看来，"古"今中外只有"广告柱"之实，并无"小广告"之词。尔后缘何派生出此等不疼不痒、不咸不淡的昵称，穷本溯源，或因个头不大，或因诉求不多，总之，小小不言，抑或小小不严，一个"小"字，高抬了自己，矮化了对手，祸根就此埋下……

眯起眼睛看西方，静下心来想自己。2006 年，行万里路，写一卷书，与爱子联袂创作了图文辅政读本《天大的小事》，意在求索"以人为本的最大同心圆"，志在探究"宜居中国的最大公约数"。从县委书记到政治局委员，从城管委主任到中科院院长，为什么一部叙写日常琐碎的著述引起各级官员热读热议，关键在于**"共产党人要善于做小事"**和**"社会治理讲究从心做起"**的创作理念契合了时代命题。

小事分两种，即"不大的小事"和"天大的小事"。前者多为众所周知的细碎，后者则"貌似小事"却游离在两者之间，所谓"节骨眼儿"，所谓"关键时刻掉链子"，指的就是此等飘忽不定。诸如非法小广告，发端之初，看似轻描淡写，且无伤大体，可一旦失察失控，却是令执掌权柄者无所措手足。

城市管理是面子，社会治理是里子，面子崇尚推陈出新，里子讲究"从心做起"。还是以非法小广告为例，由于事物不仅有正反两个方面，所以盘根错节的城市管理和社会治理，势必会由表及里，由此及彼，你中有我，我中有你。如何领悟城市管理、社会治理的"交叉与融合"，如何看待非法小广告的"乱眼与乱心"，明者因时而变，知者随事而制。

从小广告扯到《天大的小事》，盖因该书对其多有眷顾，多有叙述，回顾十年前书文关于"疏堵结合"的直言，时过境迁，有人称之"英雄所见略同"，也有人讲"俗人所见略同"：

"小广告禁而不止原因众多，既有眉毛胡子一把抓惹的祸，也有'两手都很软'惹的骚，总之，对那些存心和政府摽着干的'另类反动标语'从轻发落实属养虎为患，对那些无意与法规过不去的'有事要办'一把掐死太过野蛮。一分为二，柳暗花明，如何整肃恶搞不妨问警局，怎样顺水推舟可以看他山，譬如北美不少城市随处设有简易的'公共广告柱'，专供小广告们随意张贴，专让'牛皮癣'肆意泛滥。"

　　起初，国内各地治理非法小广告只有"城管"一家，由于表现无常，口碑怪怪，所以书中断言"百分之大几十的'城管'没有学过城管就无证上岗，'城市牛皮癣'不遍地开花鬼才相信"。

　　话虽这样讲，理虽这样论，但智库所言与网民吐槽毕竟大相径庭。因此，为了提升相关人员的专业素养，还是做了该做的事，说了该说的话。2007年应邀为北京城管系统义务讲学，万余字授课提纲，千余名"副科以上"，会说的不如会听的，一句"电信划归城管，小广告或许不复存在"，全场掌声响起。

　　既没有学过城管，也没有做过城管，凭什么煞有介事，指指点点？作为有知有识的"独立学人"，此间过人之处或许事先连自己也没有想到 —— **没有"红头文件"，幸有"红头报纸"，学会读报、用报，不仅细知天下事，同时"知行合一"**。

　　30年前，因改革成名，因超前落马，阴错阳差曾在报社供过职。期间，感悟到报社与报馆不同，感知了市面与报面的间距，尽管没写出什么大手笔，但由此世界上少了个发光的"报人"，多了个很会借光的"读报人"。

2007年7月北京市城管系统专题辅导报告会现场，相关剪报PPT牢牢吸引了与会者目光。

其后近30年智业生涯，"读报、用报"成为从未间断的基本功，每天20来份报纸光看看标题划划圈，至少也要花费个把时辰。日积月累，存报竟数以十万计，不仅要辟专区收藏，同时归类检索也会大费周章。何必如此？原来报章亦有"黄金屋"，报章亦有"颜如玉"，较之一时难以吃透的"大部头"，传统纸媒既有报人导读，又有报面导入，甚至就连字体、字号也能多少透视出抑扬顿挫、眉高眼低。换言之，铺开来薄纸一张，但举凡面临各类决策，有政治家给您办报，远比有企业家给您"开网"要明快得多。

在漫长的外脑生涯中，读报功效不仅在案头发散，同时相关讲学也屡试不爽。2007年时任重庆市委记的汪洋同志曾向该市力荐《天大的小事》，并邀请作者为千余名官员授课。为讲好这堂心存感激的课，课件用了大量媒体报摘，授课效果用《重庆日报》的话讲："一场在市委小礼堂的报告会，少了些严肃，多了新闻报道带来的视觉冲击，报告人没有空洞的理论、生硬的说教，只是通过对比的方式，让听众清晰地看到城市的差距。"

2007年8月重庆市主题报告会现场，经过重新汇总、梳理后的过往报章，备受千余名党政官员关注。

十余年来，应邀为各地党委政府以及中直机关、新华社等机构讲了许多堂大课。有人说听报告如同"坐着看专题展览"，报摘 PPT 就是展板，讲解词就是结合报章的夹叙夹议，通过报告人"一课一稿"的潜心引领，观看时似曾熟悉，谢幕后似箭在弦，有心动，有灵动，原来"读报、用报也是一等一的应用科学"……

尽管自身读报颇有心得，用报颇有造诣，但在两位先行者面前也只有高山仰止、叹为观止，一位是开国领袖毛泽东，另一位是习近平总书记，相关经典逸事，听起来如雷贯耳，学起来如鱼得水。

革命战争年代，从报纸了解敌情成为了重要渠道，为此毛泽东说过，"一天不读报是缺点，三天不读报是错误"。89 年前，毛委员从包盐巴的旧报纸上发现了重要讯息，从而粉碎了敌人阴谋，使秋收起义仅存的革命武装幸免于难。无独有偶，80 年前，红军到达哈达铺，毛泽东不顾疲劳第一时间赶到邮政代办所，取走了所有能找到的国民党报纸，通过研判作出了推动革命进程的重大决策。

6 月 6 日，本书结稿并开始与出版社进行接触，这天《人民日报》在头版开题、评论版开栏"读报用报干部谈"，进而得知原来习总书记也是老资格的读报用报人："42 年前，习近平还是陕北梁家河大队党支部书记，当地缺煤少柴，一心想着解决群众困难的他，看到人民日报上关于四川推广利用沼气的报道，深受启发，前往四川'取火'，带领乡亲们打出了陕北的第一口沼气池。"

非常有缘，本书前言题为《学做称职的"读报用报人"》，为此有人戏说"题扣得好，话跟得快"。一笑可以了之，但一言难以蔽之，作为资深智库工作者与称职读报人，虽然"预知预判"是本行，"步调一致"是本能，然而没有十年如一日的傻傻投入与"杠头"，一切巧合则无从说起……

谈及纸媒，绕不开网媒，尽管早在 1994 年曾建言北京市委创办国内首家外向型电子版报纸，尽管早在 1995 年曾告诫"网络教母"要尽快与公安、安全、宣传、邮政等部门构建"网络防患体系"，总之，尽管过往经历与中国互联网开疆企业有过无比微妙的师生关系，但我对网络却没有太多的痴迷与依附。

在我的感觉中，互联网有时是响当当的硬通货，有时是软绵绵的"疲疲虾"，仅就感知真实世相而言，由于"认知过程"有其专属的生成环境，因此碎片化阅读亦如自助餐，无论卖场如何光鲜，"眼大肚子小"的概率依旧不以舌尖马首是瞻。

就个人体验而言，读报、用报是门学问，但专指仅凭"剪刀、糨糊"即可为我所学所用的传统纸媒。一杯香香茶，一叠相关报，原来思绪也可以把玩，原来思辨也会有包浆，最终"剪刀糨糊"融入"我"，脑洞大开。相形之下，网媒则不然，尽管生机无限，且风光无限，但"浏览"与"阅读"功效各不同。譬如同样感知如何治理小广告，网络虽知天下事，但没有自我的"知之"仍为知之，人机之间再是互动互通，也很难派生出、互生出豁然开朗的半仙之体……

一段时间以来，纸媒与网媒、文字与数字的**"媒体新融合"**常说常新。试着绕开老行当聊些新感觉，作为国内外绝无仅有的"创新思维博悟馆"馆长，我在读报用报过程中似乎感觉到些许悲凉 —— *那么高的激情，那么准的指向，那么快的发声，那么好的文章，然而在特定时间、特定事件一闪过后，说是被读者遗忘有点过，说是被历史尘封有点偏，但事实大致如此，除了个别文章个别事，个别单位个别人，几乎听不到余音绕梁，看不到梅开二度。*

一段时间以来，"报、书结合"有之，"书、报结合"亦有之，但多为单向度的"并联"或"串联"，虽然也有好结果，却并非嫁接而来的新品种。还以治理小广告为例，尽管国内各个城市无一例外亟待获得治理"城市牛皮癣"的验方，尽管国内各个媒体无一例外发表过问诊非法小广告的"市情咨文"，但再高的媒体，再大的手笔，也很难用一家之言涵概事态的来龙去脉。

温故是创新之邻，整合是创新之友。在之前诸多场政府辅导报告中，相关报摘经过汇总、梳理，最终导入主题，切入主线，并通过 PPT 的形式传递给与会者，使广大城市管理者对全新形态的"城事教辅"刮目相看。本书撰写过程中，曾邀不少党政干部担当"一读"，面对同样的叙事，"读图"与"读文"感觉大不相同。为此有人说，创新体例的《一纸缠》更像是观看系列专题片，剪报标题是"新闻联播"，作者评述是"焦点访谈"……

本书责编雍谊先生是《天大的小事》责编，接手本书时正忙于柳斌杰、李东东二位老署长编著的《中国名记者》出版工作。他在选题报告中写道，"书中所述，既是人民群众和城市管理者的实践与探索，也是广大媒体记者'走转改'的心得与收获。为之鼓与呼，既是作者的创作初衷，也是我郑重推荐的动因。"

5年前，围绕《天大的小事》出版事宜黄书元社长与我短信沟通长达万言之多，对于《一纸缠》如何更好造福社会，黄社长同样给予了极大关注，不仅指出"**借助图书形式集结过往报章，于社会难点问题再度发声，再立新功，也属媒体新融合**"，同时为打破行业壁垒、促进机构联动创造了有利条件。

作品由人民出版社、北京日报出版社联合出版实属喜出望外。年初向日报集团傅华社长谈及创作思路并获鼓励，因此向人民社提供书稿时表示，成书多受益于京媒，包括新京，包括北青，包括京华等，因此很想为扩大纸媒影响尽微薄之力，故而当"高度尊重作者这一意愿"写进两家出版社备忘录里，我有些情不自禁。

面对小广告等顽疾沉疴，在过去十余年里，为突破个人感知的局限，我以报章为模本，以报道为依据，与当事记者有过无数次隔空对话。感慨良多，获益良多，为此万分期待本书早日面众，因为届时同步举办的研讨会将诚邀"被借光"的记者编辑出席，共商城事，共克时艰……

智者的起点不在智，智库的落点不在库。辅政读本该有怎样的选题与体例虽无一定之规，但点与面的关联、知与行的交互、鞋与脚的匹配却不以人的意志为转移。

本书作为"城事软肋"先导读本，如何将个人学识与社会问题融为一体，与群众交流要用群众听得懂的语言，与官员沟通要适应官员习惯的语速。"**剪刀糨糊/我**"谈及的话题虽多为过去时，但对应的"宜居策"却并非马后炮。"知屋漏者在宇下，知政失者在草野"，此知非彼知，同样"少知而迷，无知而乱"。

一事之惑，一家之言。一地之举，一叶知秋。民之所望，施政所向，学会看报，学会用报，"**做个称职的读报用报人**"。

2016 年 7 月 5 日 / 北京国际俱乐部 118 室

自　省

十三不靠为哪般

ZIXING

SHISAN BUKAO WEINABAN

围绕治理"小广告"，有关部门心没少费，累没少受，钱没少花，"骂"没少挨，但到头来还是没能跳出"13个部门管不好一张小广告"的怪圈。说心里话，无论是言者的感慨，还是闻者的感伤，心绪大体是一致的。

症结何在？且不说"九龙治水"的阵容是否太过强大，太过夸张，仅从盲点盲区说开去，正本清源，温故知新，既有"身在其中，困在其中，软肋在软肋之中"，也有"诗在诗外，戏在戏外，功夫在功夫之外"，总之，"管不好"和"不好管"原本就是两码事儿。

老问题不能老不改。年初，中办印发文件，要求在全体党员中开展"两学一做"学习教育，为此《人民日报》刊发评论员文章，强调"带着问题学，针对问题改"，提出"针对自身问题边学边改、即知即改，解决一个个具体问题，做好一件件具体事情，就能不断实现自我完善、自我提高"。作为党外人士，虽不清楚"改观13个部门管不好一张小广告"是否也在学以致用的范畴，但我相信，将此等长时间无解、无奈的"老问题"上升到新的高度看待绝无不妥。

应该承认也必须承认，"城市牛皮癣"的无处不在，既与市民"身体安放"相关，更与百姓"心灵栖息"相关。城市管理是面子，社会治理是里子，从表象上看是"乱眼"，从骨子里说却是"乱心"，因此从更深层意义上讲，治理绝非等闲之辈的"小广告"，仅有目前13个部门关注还远远不够。"人心是最大的政治"。

"13个部门"因故走到一起，消极地讲，九龙治水不见水；积极地看，"会诊"一旦历练升华为新常态，人们有理由相信，日后无论面对怎样的"大城市病"抑或"小城市病"，政府施政将不再面带难色、心存愧疚……

9 北京

北京晚报 2016-02-25 周四
责编／王军华
设计／李丽云 校对／霍 雷

13个部门管不好一张小广告

李士祥：北京城市管理存在3个"欠缺"

本报讯（记者左颖）今天上午，市委常委、常务副市长李士祥在市城管执法协调领导小组暨城管系统工作总结部署会上表示，今年是"十三五"开局之年，城市管理到了必须"啃硬骨头"的攻坚阶段。要针对渣土车撒漏、非法停车、渣土车遗撒等问题，综合运用高限处罚、约谈通报、媒体曝光等惩戒性措施，将处罚结果纳入企业信用记录，作为限制招投标的重要依据，全面遏制环境秩序乱象高发态势。

在提到目前北京城市管理与建设国际一流和谐宜居之都目标的差距时，李士祥指出，现在的城市管理还比较粗放，离精细化有较大差距。是管理体制有欠缺，管理交叉和缺位现象普遍存在，"比如渣土车有11个部门在管，小广告13个部门管，垃圾七

八个部门管，九龙治水，但还是没管好。二是城市管理能力有欠缺，管理过于粗放，去年全市46个行政执法系统中有6个是'零处罚'，高于平均罚款数仅一两折；10977项行政处罚权履行率只有16.1%。三是城市管理手段有欠缺，法律、经济和科技手段用得少，用得也不好；行政手段用得多，但效果不理想，社会争议过大，"城市管理执法工作没有跟上经济社会发展的步伐。"

李士祥提出要尽快完善本市的城管执法体制机制。首先要梳理部门职责和任务，明确管理范围，完善协作机制，想办法破解"九龙治水难题。领导小组要发挥统筹协调作用，加强重大问题研究，推进综合执法与行政管理、专业执法的有效衔接。其次

是属地政府要落实好主体责任，综合运用多种手段，把顽固久存普遍存在的环境秩序问题控制住。职能部门要研究治本之策，从源头减少违法行为发生，做到审批与执法信息互联互通。

在城市管理中应加强基层力量，按照统筹结合、权责一致的要求，合理界定市区街三级执法队伍的责任，把基层的积极性调动起来。职能部门要"瘦机关、强基层"，做到人往基层走、资源向基层倾斜，把力量沉到街道社区。同时要加快建立城管执法抽调被检查对象、执法人员被随机派被查人员的"双随机"抽查机制，将抽查结果与企业黑名单挂钩，使其成为做好城市管理工作的重要抓手。

李士祥特别鲜明地对城管队伍提出要求，要旗帜鲜明地支撑好，把城管执法理和城市执法有机结合。J170

相关新闻

今年开展五大行动治顽疾

本报讯（记者左颖）今年全市环境秩序整治工作将开展"保三重"核心功能服务行动、"降三尘"大气污染防治雷霆行动、"治三乱"街面秩序净化行动、"严三查"市政公用全系网行动、"抓三清"市容市貌靓丽行动五大专项行动，力争实现"重点地区管控长效化、本市地区治理有序化、城市顽疾攻坚有新突破，人民群众有更多获得感"的整体目标。

今年的"保三重"行动将围绕重大活动、重点地区、重点任务，做好环境秩序治理工作，天安门地区、长安街及其延长线、奥园等重点地区，要实现全天候、无缝隙监管，对各类环境秩序问题"零容忍"。

"降三尘"行动针对施工扬尘、道路扬尘、因绿故尘问题，城管、环保、交通等部门将加强联合执法，综合运用查处、约谈通报、媒体曝光、企业信用计分等惩戒联动措施，全面遏制违法行为的高发态势。

"治三乱"行动，重点整治乱摆乱卖、乱摊乱占道路、停车秩序混乱等街面秩序问题。

"严三查"行动，重点加强非法安全监管、占压市政管线问题、街面利用液化石油气违法经营问题。

"抓三清"行动，重点加强非法小广告与牌匾清理，同时加强违规户外广告查处力度以及违规牌匾标识和霓虹灯设施的清理力度。J170

围绕治理"小广告"，有关部门心没少费，累没少受，钱没少花，"骂"没少挨，但到头来还是没能跳出"13个部门管不好一张小广告"的怪圈。

症结何在？根源何在？2016年2月25日《北京晚报》相关报道告知，北京市委常委、常务副市长李士祥在市城管执法协调领导小组暨城管系统工作总结部署会上指出："今年是'十三五'开局之年，城市管理到了必须'啃硬骨头'的攻坚阶段。现在的城市管理还比较粗放，离精细化有较大差距。管理体制有欠缺，管理交叉和缺位现象普遍存在，比如渣土车有11个部门在管，小广告13个部门管，垃圾七八个部门管，九龙治水，但还是没管好，社会争议还大，城市管理执法工作没有跟上经济社会发展的步伐。破解'九龙治水'的难题，要尽快完善城管执法体制机制，要想办法研究治本之策，从源头减少违法行为发生。"

由来已久，感同身受。且不说"九龙治水"阵容是否太过强大，太过夸张，仅从"源何在、本为何"的盲点、盲区说开去，正本清源，温故知新，既有"身在其中，困在其中，软肋在软肋之中"，也有"诗在诗外，戏在戏外，功夫在功夫之外"，总之，"管不好"和"不好管"原本就是两码事儿……

19 社会守望

北京晚报 2016-04-14 周四
主编／李嘉瑞 黄家望
设计／关印 校对／姚娜

群龙治水能破解社会乱象吗？

本期策划 李嘉瑞

说起北京多年来难以根除的问题，百姓们多能说出一二，本报也多次对这些问题进行过报道。比如"黑一日游"问题、房屋租赁问题，比如本报最近连续报道的前公用胡同首饰加工问题，这些问题的存在从4到10年不等，最根本的原因当然是非法经营者的顽固不化，但也有执法部门执法难的因素。这些执法的难点究竟在哪儿？不破除这些难点危害有多大？这种窘境是否有能改善的可能呢？

▶ 执法虽难 百姓更难

首先要解释何为"专业"执法部门，我们百姓目前能接触到的执法部门，其实多为"专业"执法部门，比如派出所、环保部门、工商部门、旅游部门等，这些部门可以根据其领域内的相关法规进行执法，但绝不能超过其执法范围。好比工商部门对于治安案件无能为力，于是当遇到相关的领域出现问题后，会依据相关情况进行举报。有时却发现，举报后执法部门"专业"不对口。

北京的黑一日游虽说已经有长达10年的历史，在过去的采访中，记者接到的此类案例颇多，也发现无论如何去写，总会有什么样的新意，所有的案例都是完全相同的情况。这些黑一日游10年来的偏术不换汤也不换药，将游客从天安门、德胜门等地骗上车，开出老远后，不加钱就要面临威胁，随后八达岭长城的行程变成水关长城，十三陵的行程变成了强制购物消费。面

房屋租赁问题也存在执法难，中介收取房租后，却因为各种原因强制租户搬走，租户不走就要面临各种类型的恐吓，租户们觉得自身的安全受到了威胁，理所当然向派出所报警，当租户拿着租赁合同向民警诉说中介有多无良时，才得知这种情况不属于治安案件，而叫纠纷，派出所对于这样的纠纷没有办法。这形成了唯一的解决办法，但这水解不了近渴，纵然几个月后的官司可能打赢，可晚的仕处却仍是解决不了。

"你可真是坑了我们一道，现在上货特别慢。"昨天，一位微珠宝首饰生意的朋友说，这些前公用胡同的首饰加工商铺被曝光后，全北京很多地方的首饰店都受到了影响。记者这也才知，多年来的公用胡同一些店铺的柜台不过是幌子，承接北京各地的首饰加工才是正常，如此小的店铺，却有没日投夜干不完的活，也就不

2016年4月14日《北京晚报》刊登记者景一鸣采写的《群龙治水能破解社会乱象吗？》，这是篇值得深阅读的好文章，在讲述了难以根除的问题既有"非法经营者的顽固不化，也有执法部门执法难的因素"之后，严肃设问："最根本的原因当然是这些执法的难点究竟在哪儿？这种窘境是否有能改善的可能呢？"

之所以为之高度点赞，盖因此文为"破解执法困局"作出难能可贵的分析研判："执法权限不变，有些方面却可以灵活，执法部门能够使用的法律法规往往不止一项，深刻解读和变通这些条文可成为破解之道。举例来说，在前公用胡同刺鼻气味扰民事件中，环保部门起初发现，即便找到问题，《环境影响评价法》《水污染防治法》，对于这些店铺的极小规模气体排放很难界定，《固体废物污染环境防治法》仅有经济处罚，对于商贩的违法行为可能难以根除，但最终经环保部门对法律条文的深刻分析、解读，在查处商贩违法行为时，《北京市大气污染防治条例》仍对商贩的违法行为具有很强的约束性。"

没见过活人能让尿憋死，没见过胳膊伤了就不刷牙，左手残了换右手，右手挂了改左手，两边儿都不好使，"胳膊不动脑袋动"其实也未尝不可……

在"13个部门管不好一张小广告"的感叹发出70天后，2016年5月3日《北京晚报》刊登了记者王琼采写的《违法小广告为何越治越多》。在讲述了"楼道一向是小广告的'重灾区'，相关投诉有居民打来的、物业打来的，还有居委会主任打来的"之后，记者实地探访发现，"墙上贴的最多的是疏通下水道的小广告，用黑色油墨印在墙上、消火栓和消防门上，电梯间门框四周和楼梯间里，也都密密麻麻地贴满了上百条小广告"。

文章小标题分别为"居民：小广告直接往门上贴""物业：抓住最多让清理掉""居委会：打电话投诉没用""城管：处罚起来更难""政府：13个部门还管不好"，围绕最后的那个问题，文章再次告知：

"今年2月，市委常委、常务副市长李士祥在城管执法协调领导小组暨城管系统工作总结部署会上表示，现在北京市城市管理还比较粗放，管理体制有欠缺，管理交叉和缺位现象普遍存在，比如小广告13个部门管，但还是没管好。记者了解到，这13个部门包括：公安、城管、住建、卫生、药监、旅游、教育、税务、工商、民政、市政市容等。"

R 今日谈

城市管理莫留盲区

李家鼎

　　"13个部门管不好一张小广告",某地领导最近在谈城市管理时提及的这一现象,让人心头一震,感慨万千。

　　类似情况,并不少见。比如"渣土车有11个部门在管",比如"城市垃圾七八个部门在管",但都没有管到位。原因也一样:相关体制不顺,管理交叉和职能缺位并存。有人用"九龙治水"来描述这种失灵,意思是管的部门太多,出力的意愿降低,反而留下管理盲区。

　　杜绝"九龙治水"现象不易,但再难也不是借口。如果连渣土车、小广告这样的小事都管不好,怎么能让老百姓对城市管理有信心?正视问题是勇气,而能不能拿出解决问题的决心、拥有解决问题的能力,这是担当,也是检验。

　　地方领导的有感而发,其实也折射出各地普遍存在的问题,2016年3月2日《人民日报》"今日谈"谈及《城市管理莫留盲区》,作者李家鼎说道:

　　"'13个部门管不好一张小广告',某地领导最近谈城市管理时提及的这一现象,让人心头一震,感慨万千。类似情况,并不少见。比如'渣土车有11个部门在管',比如'城市垃圾七八个部门在管',但都没有管到位。原因也一样:相关体制不顺,管理交叉和职能缺位并存。有人用'九龙治水'来描述这种失灵,意思是管的部门太多,出力的意愿降低,反而留下管理盲区。"

　　"杜绝'九龙治水'现象不易,但再难也不是借口。如果连渣土车、小广告这样的小事都管不好,怎么能让老百姓对城市管理有信心?正视问题是勇气,而能不能拿出解决问题的决心、拥有解决问题的能力,这是担当,也是检验。"

　　尽管"九龙治水"看上去很像是四字成语,可《词典》却未见告知。据说此语有双层含义,一是"诸龙百忙,却偏偏无龙布雨",二是"龙多四靠,难免出工不出力"。仅就治理小广告而言,两种状态兼而有之,缘何"忘形",缘何"忘我",正是本书想着力探究的"天大的小事"……

R 今日谈

某地公务员招录系统出现登录难、缴费难，给考生造成不便。有关部门回应：原因在于网络访问在特定时段过于集中。有网友发现，连续几年来，该地该系统一直存在这一"老问题"。

现实中，"老问题"不少见。街道路灯坏了数月，居民反映多次，总说"要解决"，始终"灯不亮"；一些单位企业，存在不少消防隐患，都知道消防设备不能成摆设，还是把安全培训走过场。其实，很多问题冒头时，算不上多严重，有些甚至属于"小儿科"级别，但问题总是"年年岁岁花相似"，久拖不决，小问题就可能变成"老大难"。与其说，这是相关部门缺乏解决问题的能力，不如说，是少了服务群众的诚意。

长期得不到解决的"老问题"，是一种信号，说明社会治理不顺畅。做工作切实肩负起责任，让令人心烦的"老问题"逐步减少，群众才会舒心满意。

何钜铭

"老问题"岂能老不改

2016年4月14日，《人民日报》日日新、事事新的"今日谈"刊登何钜铭撰写的《"老问题"岂能老不改》。尽管所讲内容与前文所述并无关联，但仅从标题来看，还是感觉前言、后语之间并非南辕北辙、大相径庭。

文章说道："现实中，'老问题'不少见。街道路灯坏了数月，居民反映多次，总说'要解决'，始终'灯不亮'；一些单位企业，存在不少消防隐患，都知道消防设备不能成摆设，还是把安全培训走过场。其实，很多问题冒头时，算不上多严重，有些甚至属于'小儿科'级别，但问题总是'年年岁岁花相似'，久拖不决，小问题就可能变成'老大难'。与其说，这是相关部门缺乏解决问题的能力，不如说，是少了服务群众的诚意……长期得不到解决的'老问题'是一种信号，说明社会治理不顺畅。做工作切实肩负起责任，让令人心烦的'老问题'逐步减少，群众才会舒心满意。"

事实证明，"人心是最大的政治"。依此既伟大又普通的硬道理，就该集思广益，群策群力，早日终结各类无解、无果的"老问题"，因为在看似闲散、看似常态之中，文章提及的"令人心烦"和"舒心满意"均与"心境系数"相关……

中办印发《方案》
在全体党员中开展"两学一做"学习教育

新华社北京2月28日电 近日，中共中央办公厅印发了《关于在全体党员中开展"学党章党规、学系列讲话、做合格党员"学习教育方案》，并发出通知，要求各地区各部门认真贯彻执行。

通知指出，开展"学党章党规、学系列讲话、做合格党员"学习教育（以下简称"两学一做"学习教育），是面向全体党员深化党内教育的重要实践，是推动党内教育从"关键少数"向广大党员拓展、从集中性教育向经常性教育延伸的重要举措。各地区各部门各单位党委（党组）要充分认识开展"两学一做"学习教育对于推动全面从严治党向基层延伸、保持发展党的先进性和纯洁性的重大意义，作为一项重大政治任务，尽好责、抓到位、见实效。要把思想建设放在首位，教育引导党员尊崇党章、遵守党规，以习近平总书记系列重要讲话精神武装头脑、指导实践、推动工作，着力解决党员队伍在思想、组织、作风、纪律等方面存在的问题，努力使广大党员进一步增强政治意识、大局意识、核心意识、看齐意识，坚定理想信念、保持对党忠诚、树立清风正气、勇于担当作为，充分发挥先锋模范作用。

通知强调，"两学一做"学习教育不是一次活动，要突出正常教育，区分层次，有针对性地解决问题，依托"三会一课"等党的组织生活制度，发挥党支部自我净化、自我提高的主动性，真正把党的思想政治建设抓在日常、严在经常。各地区各部门各单位要结合实际确定学习方式，为基层留出空间。要紧紧围绕党的中心工作和全党工作大局开展学习教育，坚持两手抓，防止"两张皮"。要进一步严密党的组织体系、严肃党的组织生活、严格党员教育管理、严明党建工作责任制，激励基层党组织和广大党员干事创业、开拓进取，为协调推进"四个全面"战略布局、贯彻落实五大发展理念提供坚强组织保证。

通知要求，各地区各部门各单位党委（党组）要根据方案要求，结合实际制定具体实施方案……学习教育的情况及时报告党中央。

人民日报

《方案》全文见第六版

老问题不能老不改。如何改？学而知之，做而改之。2016年2月29日《人民日报》告知《中办印发〈方案〉在全体党员中开展"两学一做"学习教育》，为全体党员提供了强大的学习氛围与动能。

通知指出，"要把思想建设放在首位，教育引导党员尊崇党章、遵守党规，以习近平总书记系列重要讲话精神武装头脑、指导实践、推动工作，着力解决党员队伍在思想、组织、作风、纪律等方面存在的问题，努力使广大党员进一步增强政治意识、大局意识、核心意识、看齐意识，坚定理想信念、保持对党忠诚、树立清风正气、勇于担当作为，充分发挥先锋模范作用"。

通知强调，"'两学一做'学习教育不是一次活动，要突出正常教育，区分层次，有针对性地解决问题，依托'三会一课'等党的组织生活制度，发挥党支部自我净化、自我提高的主动性，真正把党的思想政治建设抓在日常、严在经常。各地区各部门各单位要结合实际确定学习方式，为基层留出空间"。

作为党外人士，虽不清楚"改变13个部门管不好一张小广告"是否也在此范畴，但我相信，将此等无解、无果的"老问题"提到应有高度看待绝无不妥……

带着问题学 针对问题改

—— 三论扎实开展"两学一做"学习教育

本报评论员

强化问题意识、坚持问题导向，是党的十八大以来全面从严治党的一个鲜明特点、一条成功经验。确保在全党开展的"两学一做"学习教育取得实际成效，关键是要按照习近平总书记要求的，"突出问题导向，学要带着问题学，做要针对问题改"，把解决问题贯穿学习教育全过程。

这几年，我们党集中发力抓作风、严纪律、强制度，党员队伍整体素质有了很大提升。但要看到，党员队伍中松垮涣漫、名不副实的情况还不同程度存在，党员意识淡薄、理想信念动摇、政治纪律涣散等问题也不是个别现象，党内组织生活不严肃、不认真、不经常的问题还没有得到很好解决，党员教育管理还有待改进完善，一些软弱涣散的基层党组织还需要加以整顿。"两学一做"学习

教育就是为了解决问题，如果不解决问题，就会流于形式、走过场。学习教育能不能取得实效，关键就看问题解决得如何。

带着问题学，才能学得深入；针对问题改，才能改得到位。对于"两学一做"要重点解决的具体问题，中央印发的学习教育方案用"五个着力"作了归纳。中央组织部印发的学习安排具体方案，分别明确了全体党员和县处级以上党员领导干部要重点解决的问题。对于每个党员、干部来说，这些问题还是一个总体概括，还需要结合各自实际来对照、再细化，这样才能更精准对焦，才有的放矢解决问题。带着自身存在的具体问题去学党章党规、系列讲话，就能不断解开思想扣子、纠正认识偏差。针对自身问题边学边改、即知即改，解

决一个个具体问题，做好一件件具体事情，就能不断实现自我完善、自我提高。

学得怎么样、问题解决得如何，最根本的要看政治意识、大局意识、核心意识、看齐意识有没有牢固树立起来，有没有做到党中央提倡什么、就认真践行什么，党中央禁止什么、就坚决反对什么，有没有切实解决好"不看齐""看不齐"的问题。"两学一做"的实际成效，最终要体现在推动中心工作、促进党和国家事业发展上，体现在推动党员干部提振精气神、展示新作为、发挥先锋模范作用上，体现在激活基层党组织、增强基层组织力上。各级党组织务必以解决问题为牵引，以取得实效为导向，把"两学一做"学习教育引向深入。

人民日报

时隔月余。2016 年 4 月 9 日《人民日报》刊发评论员文章《带着问题学，针对问题改——三论扎实开展"两学一做"学习教育》，其中说道：

"强化问题意识、坚持问题导向，是党的十八大以来全面从严治党的一个鲜明特点、一条成功经验。确保在全党开展的'两学一做'学习教育取得实际成效。关键是要按照习近平总书记要求的，'突出问题导向，学要带着问题学，做要针对问题改'，把解决问题贯穿学习教育全过程。"

文章同时指出，"学得怎么样、问题解决得如何，最根本的要看政治意识、大局意识、核心意识、看齐意识有没有牢固树立起来，有没有做到党中央提倡什么、就认真践行什么，党中央禁止什么、就坚决反对什么，有没有切实解决好'不看齐''看不齐'的问题。'两学一做'的实际成效，最终要体现在推动中心工作、促进党和国家事业发展上，体现在推动党员干部提振精气神、展示新作为、发挥先锋模范作用上，体现在激活基层党组织、增强基层组织力上"。

文章提示，"针对自身问题边学边改、即知即改，解决一个个具体问题，做好一件件具体事情，就能不断实现自我完善、自我提高"，读罢感慨良多……

让城市和谐宜居更美好

城市是人类的智慧创造，是人类文明的鲜明标志，是人类活动的重要区域。让城市生活更美好，是城市建设、发展、治理的价值所在。

"建设和谐宜居、富有活力、各具特色的现代化城市"，在我国城市发展进入新时期之际，中央召开城市工作会议，对城市工作作出了战略部署。习近平总书记在会上发表重要讲话，站在协调推进"四个全面"战略布局、实现"两个一百年"奋斗目标、贯彻"五大发展理念"的高度，深入阐述了做好城市工作的重要意义，深刻指明了解决城市发展问题的方法和路径，是我们做好城市工作的基本遵循。

"必须用极大的努力去学会管理城市和建设城市"，早在1949年，毛泽东同志这样号召全党。此后中央先后召开3次城市工作会议，研究解决城市发展的重大问题。改革开放以来，我国经历了世界历史上规模最大、速度最快的城镇化进程，从1978年到2014年，城镇化率年均提高1个百分点，城镇常住人口由1.7亿人增加到7.5亿人，城市数量由193个增加到653个。数据变化的轨迹，从一个侧面描绘出一个农耕古国向着城镇化、现代化不断迈进的精彩画卷。实践充分证明，城市发展带动了整个经济社会发展，城市建设成为现代化建设的重要引擎。

从发达国家城市化发展的一般规律看，我国现在开始进入城镇化较快发展的中后期。全国80%以上的经济总量产生于城市、50%以上的人口生活在城市，今后还将有大量人口不断进入城市，城市人口将逐步达到70%左右。在这样的情势下，我们尤其要保持清醒头脑，清醒认识我国城市发展的问题和不足，直面规划建设重外延轻内涵、用行政命令取代法治以及"城市病"等突出问题。只有致力于转变城市发展方式，完善城市治理体系，提高城市治理能力，走出一条中国特色城市发展道路，才能顺应城市工作新形势、改革发展新要求、人民群众新期待。

走出一条中国特色城市发展道路，根本是坚持以人民为中心的发展思想。"城，所以盛民也。"坚持人民城市为人民，是我们做好城市工作的出发点和落脚点。城市的核心是人，关键是12个字：衣食住行、生老病死、安居乐业。解决好人的问题，是城市工作的价值指向；让人民群众在城市生活得更方便、更舒心、更美好，是城市管理和服务的重要着力点。

走出一条中国特色城市发展道路，前提是尊重城市发展规律。

（下转第二版）

一段时间以来，"气场"是个常用常新的词，就"13个部门"如何学而知之、做而改之说来，再没有比"中央城市工作会议"召开更及时、更给力。2015年12月23日《人民日报》刊发社论《让城市和谐宜居更美好》，其中说道：

"在我国城市发展进入新时期之际，中央召开城市工作会议，对城市工作作出了战略部署。习近平总书记在会上发表重要讲话，站在协调推进'四个全面'战略布局、实现'两个一百年'奋斗目标、贯彻'五大发展理念'的高度，深入阐述了做好城市工作的重要意义，深刻指明了解决城市发展问题的方法和路径，是我们做好城市工作的基本遵循。"

社论还有两段话读来格外心喜，一是早在1949年，毛泽东同志就曾号召全党"必须用极大的努力去学会管理城市和建设城市"，再就是"我们尤其要保持清醒头脑，清醒认识我国城市发展的问题和不足，直面规划建设重外延轻内涵、用行政命令取代法治以及'城市病'等突出问题。只有致力于转变城市发展方式，完善城市治理体系，提高城市治理能力，走出一条中国特色城市发展道路，才能顺应城市工作新形势、改革发展新要求、人民群众新期待"。

R 一线视角

“大城市病”攻坚要打开新思路

朱竞若

供给侧结构性改革，既是战略，也是战术。它对治理“大城市病”也有效，因为它打开了追根溯源的大门

供给侧结构性改革，是近来的一个热词。热，是因为它管用。老顽症，新疗法，如何起沉疴？

正在举行的北京两会上，代表委员热议“大城市病”攻坚。供给侧结构性改革，为这场持久战打开了新思路。

先说治堵，治堵离不开“供给”的“双增一减”。

增加道路供给，是最没争议的一招。过去道路建设，责权都在市一级，治堵，区一级政府是瞧热闹的。今年北京大力改革，改职能设置，改管理权限，把次支路的建设权限，下放给了区一级，投资、拆迁，都由区一级负责，一年内立马可以新增90条道路，打通城区内部循环，而市一级投资力度不减，上下形成合力。

增加停车位，是有车族最盼望的。北京560万辆车，只有290万个备案车位，停车难、收费乱。增加停车楼、停车井、停车场供给，也要通过供给侧改革。一是要理顺停车价格，调动市场力量，吸引民间投资；二是调整服务业的结构，把一些区域批发市场调出去，把城市急需的停车服务业调进来，这是矫正要素配置扭曲；三是改革城市管理，改变20个部门有权管理乱停车却管不好的原有管理路径。

减少道路车辆，拥堵费、单双号，最牵动舆论神经。供暖季要不要实行单双号？北京两会上，议得多，问得多，说得多，市交通委表示正在听取意见。另外，总量怎么减？摇号之下，每年增加15万辆，10年新增两个香港的机动车总量。车的减法到底要怎么做？这项改革是要市民全员参与的。

再说治水。有水皆污，有河皆枯，说的是北京。

有代表说，最不应该“供给”，却长期大量“供给”的，是污水！累积而成了祸水，要坚决压、调、灭。北京治理了90%的城市污水，并使再生水成为城市第二大水源，成绩不可谓不显著，但水的流动性决定了，10%的少量直排水，污染了城市大部分水域。

这次北京两会上，市水务局向代表委员们介绍，全市梳理出了141条黑臭水道，要用三年时间集中治理还清。方法就是要治河里，先治岸上。以朝阳区的通惠河为例，摸清了沿线29个排污口，又摸清了干支流139个污染源，水务局与朝阳区通力合作，治河里病，先治岸上的病，把排污的根拔了去，果然收效。

供给侧结构性改革，既是战略，也是战术。它是经济治理的药方，为什么对治理“大城市病”也有效呢？因为它打开了追根溯源的大门。透过这个大门，可以看到，交通的事，只交给交通部门管，常常是疏了又堵，束手无策；治水的事，只交给水务部门管，往往是清了又污，徒唤奈何。只有加强统筹，从顶层管理入手，大刀阔斧，打破部门藩篱，改革体制机制，转换发展思路，才能起沉疴，收疗效。

北京治堵治水的案例，也让我们看到，供给侧结构性改革，是艰巨、复杂的。增加道路供给、车位供给，要从改革城市管理体制抓起；改变河道水质指标，水务部门要先去干环保部门的事，如果像过去那样，职能单位楚河汉界，秋毫无犯，也干不成。攻坚克难，需要部门之间有合作、有沟通、有谅解、有支持、有配合。

改革已经进[illegible]临的问题都是难啃[illegible]大城市病”的攻坚新[illegible]充分肯定，也让公众有了新的期待。

人民日报

（作者为本报北京分社记者）

2016年1月28日《人民日报》刊登朱竞若撰写的《“大城市病”攻坚要打开新思路》，文章篇幅不大，但视角确实很新，对“治理城市病”提出了新思路、新期盼。其中说道：

“供给侧结构性改革，是近来的一个热词。热，是因为它管用。老顽症，新疗法，如何起沉疴？供给侧结构性改革既是战略，也是战术。它是经济治理的药方，为什么对治理‘大城市病’也有效？因为它打开了追根溯源的大门。透过这个大门，可以看到，交通的事，只交给交通部门管，常常是疏了又堵，束手无策；治水的事，只交给水务部门管，往往是清了又污，徒唤奈何。只有加强统筹，从顶层管理入手，大刀阔斧，打破部门藩篱，改革体制机制，转换发展思路，才能起沉疴，收疗效。”

作为地方“两会观察”，文章最后写道，“改革已经进入攻坚期和深水区，面临的问题都是难啃的硬骨头。北京治理‘大城市病’的攻坚新思路，得到代表委员的充分肯定，也让公众有了新的期待”。

作为“有新期待的公众”，我不由得想，当“大城市”已然激增到一定数量时，防治或医治“大城市病”，是否应该及早建立“大病统筹”体系呢……

中共中央国务院印发《意见》

进一步加强城市规划建设管理

本报北京2月21日电 （记者左娅）中共中央、国务院日前印发了《关于进一步加强城市规划建设管理工作的若干意见》（以下简称《意见》），明确了城市规划建设管理工作的指导思想、总体目标和基本原则，并从七个方面提出了加强城市规划建设管理工作的重点任务。

《意见》明确，城市规划建设管理的总体目标是：实现城市有序建设、适度开发、高效运行，努力打造和谐宜居、富有活力、各具特色的现代化城市，让人民生活更美好。

《意见》提出，强化城市规划工作。依法制定城市规划，依法加强规划编制和审批管理。增强规划的前瞻性、严肃性和连续性，实现一张蓝图干到底。改革完善城市规划管理体制，加强城市总体规划和土地利用总体规划的衔接，推

族特色和时代风貌。加强建筑设计管理，防止片面追求建筑外观形象。保护历史文化风貌，有序实施城市修补和有机更新，恢复老城区功能和活力。用5年左右时间，完成所有城市历史文化街区划定和历史建筑确定工作。

提升城市建筑水平。落实工程质量责任。完善工程质量安全管理制度。加强建筑安全监管，实施工程全生命周期风险管理，建立安全预警及应急控制机制。发展新型建造方式。大力推广装配式建筑，加大政策支持力度，力争用10年左右时间，使装配式建筑占新建建筑的比例达到30%。

推进节能城市建设。推广建筑节能技术，提高建筑节能标准，推广绿色建筑和建材。分类制定建筑全生命周期能源消耗标准定额。实施城市节能

下综合管廊，统筹各类管线敷设，综合利用地下空间资源。优化街区路网结构，树立"窄马路、密路网"的城市道路布局理念，到2020年，城市建成区平均路网密度提高到8公里/平方公里，道路面积率达到15%。优先发展公共交通，到2020年，超大、特大城市公共交通分担率达到40%以上，大城市达到30%以上，中小城市达到20%以上。

营造城市宜居环境。推进海绵城市建设，提升水源涵养能力，缓解雨洪内涝压力，促进水资源循环利用。恢复城市自然生态。制定并实施生态修复工作方案。推进污水大气治理，提高城市污水收集处理能力，到2020年，地级以上城市建成区污水基本实现全处理，缺水城市再生水利用率达到20%以上。加强垃圾综合治理，促进垃

2016年2月22日《人民日报》刊发了记者左娅采写的《中共中央国务院印发〈意见〉进一步加强城市规划建设管理》，其中说道：

"《意见》明确，城市规划建设管理的总体目标是：实现城市有序建设、适度开发、高效运行，努力打造和谐宜居、富有活力、各具特色的现代化城市，让人民生活更美好。《意见》提出，强化城市规划工作。依法制定城市规划，依法加强规划编制和审批管理。增强规划的前瞻性、严肃性和连续性，实现一张蓝图干到底。"

对于城市规划，我是门外汉，但"增强规划的前瞻性、严肃性和连续性"与"实现一张蓝图干到底"我则听得清清楚楚、明明白白。从大道理来讲，"规划"的词义是"比较全面的长远的发展计划"；从小事理来说，提前动用人财物力"做规划"，为的是后面的事情不用脚下经常拌蒜自己折腾自己。

文章不仅提出"创新城市治理方式""完善城市治理机制"，同时还提出了"推进城市智慧管理"。如果没有记错，这是个全新的提法。就管理说管理，把100个人管成像一个人，把100件事管成像一件事，把100块钱管成像一块钱，似乎扯不到大智慧，但在高度的时空胶着中，"政务智慧"是万万不可或缺的……

科学规划，让城市安顿身心

陈凌

正因为我国进入城镇化发展的中后期，各种城市问题叠加；也由于城市规划本身的系统性、复杂性，使得今天的城市规划工作尤为艰巨

时隔一天，2016 年 2 月 23 日《人民日报》"评论员观察"刊登了陈凌撰写的《科学规划，让城市安顿身心》，其中说道：

"正因为我国进入城镇化发展的中后期，各种城市问题叠加；也由于城市规划本身的系统性、复杂性，使得今天的城市规划工作尤为艰巨。对每一个城市居民而言，每天生活于斯、行走于斯的那片土地，从来都不只是客居他乡的寓所，也是身心安顿的'吾乡'。正因如此，城市建设的规划和管理不仅涉及我们'身体'的安放，更关涉'心灵'的栖息，正如哲人所言，'安居是凡人在大地上的存在方式'。"

文章同时告知，一位城市规划师曾断言："城市必须不再像墨迹、油渍那样蔓延，一旦发展，他们要像花儿那样呈星状开放。在金色的光芒间交替着绿叶。"多么至善至美的描绘，为"心灵的栖息"提供了绝佳的注释。

应该承认，也必须承认，"城市牛皮癣"的无处不在，既与"身体安放"相关，更与"心灵栖息"相关，城市管理是面子，社会治理是里子，从表象上看是"乱眼"，而从骨子里说却是"乱心"。因此，从更深层的意义上讲，治理非等闲之辈的小广告，仅有 13 个部门似乎还远远不够……

15

R 评论员观察

以新发展理念提振精气神

李拯

两会是观察中国的一扇窗口，代表委员把民意诉求带到国家殿堂，呈现一幅完整的"国情地图"。在议案提案中、在小组讨论上，这幅"国情地图"有许多繁复鱼，但一条隐含的主线贯穿始终——新发展理念。

"保持锐意创新的勇气、敢为人先的锐气、蓬勃向上的朝气，贯彻落实创新、协调、绿色、开放、共享的发展理念"，习近平总书记对新发展理念的重申，迅速引发共鸣。"总书记的话语，有深化改革的决心，有实现转型的信心，有以民为本的温暖。"一位委员的话道出了共同心声。

马克思说过，理论在一个国家实现的程度，总是决定于理论满足这个国家的需要的程度。从代表委员的热议中，可以撷取起来，新发展理念在这片土地上的旺盛生命力。"中国经济增长"既有颜值、也有气质"，背后的物质驱动力，京津冀正在各自以"折断的协调艺术"，不托沿袭以GDP当"成绩"为核心的惯宠；发展着高层次的开放型经济"演绎的开放意识，"不让一个贫困地区掉队"诠释的共享情怀……中国发展面临的问题，都可以在新发展理念中找到解题的理论指导，由此也可以理解，为什么坚持这三大发展理念是"关系我国发展全局的一场深刻变革"。

"事莫明于有效，论莫定于有证"，有代表讲了这样一个故事：地处西南边陲的云南西和曲靖等产往昔兰亭的概况到，比海运节省了2/3的时间。有代表说，"新发展理念既即带越快。"两会不是聚集共识的平台，是激发干劲的契机，正需要提振精气神、激发新状态，把新发展理念转变为生动的发展实践。

两会是激发干劲的契机，正需要提振精气神、激发新状态，把新发展理念转变为生动的发展实践

创新的勇气，"创新意识"，保持锐意创新的勇气。"创新就是把不可能的事情变成可能的，必然意味着要无知与不确定的。因此，无论是体制机制创新，还是科学技术创新，都需要有效闯敢试的冒险精神。"没有一段毛洲的、勃可，就走不上一条好路，走不出一条新路"。创新也可能失败，应该致力于创新、勇于求变的干部提供必要的保护，以宽容度的容忍，才会不断对创新保持最大限度的容忍，才会不断对创新保持最大限度的容忍。这正如有委员所言，"不能因为暂时没有看到创新成就就否定创新"。

这就需要具有"问题意识"，保持敢为人先的锐气。贯彻落实新发展理念，应该有的放矢、针对问题、解决问题，而不能从理念到理念、从概念到概念。无论是解决发展动力问题，还是解决社会公平正义问题，都要切实着眼现实的"发展议程"，都应该具有明确的"问题意识"。把创新融入"精神毛孔"、打破"一亩三分地"的思维定式、把"生态底线"当做"生命底线"……来自代表委员的生动表达，说明新发展理念正在与现实对接起来。

这就需要唤醒"担当意识"，保持蓬勃向上的朝气。贯彻落实新发展理念的过程，注定是一个攻坚克难的过程，需要具有不为任何风险所惧的精神。"良好的精神状态，是做好一切工作的重要前提"。落实新理念、引领新常态，不是不干事，不是不要发展，而是要更好发挥主观能动性、更有创造精神地推动发展。"如果瞻前顾后、畏难不前，不仅不能进步、发展就会前功尽弃"，"如果没有勇气和智慧，就难以突破改革的藩篱"，代表委员用这样朴实的话语，传递新钉截铁的决心，舍我其谁的担当。

有代表这样比喻：如果说中国发展是一场长跑，过去30多年才是起跑，今天的我们进入到快步中的加速，既要保持奔跑速度，更要调整奔跑节奏。发展理念的创新、引领中，将形成巨大的后动力，推动中国进入更高的发展境界。

人民日报

讲实话，"13 个部门管不好一张小广告"，无论是言者的感慨，还是闻者的感伤，心情大体是一致的。尤其久拖无果，欲要改观，首先疏理心结尤为重要。2016 年 3 月 8 日《人民日报》刊登了评论员李拯撰写的《以新发展理念提振精气神》，在阐述了"需要激发创新意识"之后继而说道：

"这就需要具有'问题意识'，保持敢为人先的锐气。贯彻落实新发展理念，应该有的放矢、针对问题、解决问题，而不能从理念到理念、从概念到概念……这就需要唤醒'担当意识'，保持蓬勃向上的朝气。贯彻落实新发展理念的过程，注定是一个攻坚克难的过程，需要具有不为任何风险所惧的精神。'良好的精神状态，是做好一切工作的重要前提'。落实新理念、引领新常态，不是不干事，不是不要发展，而是要更好发挥主观能动性、更有创造精神地推动发展。"

回到"13 个部门管不好一张小广告"的困顿中，其中的"理念、概念"是什么，而"有的放矢"又是什么，没有医学科学做支撑，仅靠"众筹"与"偏方"治愈牛皮癣绝无可能。如此，无疑给了"13 个部门"以天大的自信，原来治理城市顽疾，无须九天揽月，无须五洋捉鳖，只要"对症下药、坚持用药"便是了……

引领新常态,呼唤干部"会作为"

李 斌

认识、适应、引领新常态是一场广泛而深刻的变革,经济在转轨、结构在转型,我们的发展方式、管理形式和思维模式也需要与时俱进

人是生产力中最活跃的因素。最鲜明年经济工作,人的积极性、主动性、创造性,是经济发展的活力源泉。就党员干部的干事状态而言,在服务经济发展的现象有所显现,不作为的风气有所改观,但对新常态不适应、不会为的问题日显上升,值得注意。

认识、适应、引领经济新常态,是当前和今后一时期我国经济发展的大逻辑。自去年以来,我们对新常态的认识逐步深入,适应更加主动。但也有一些党员干部,对新常态的认识还不到位,适应不太主动,引领根本无定势,产生了不会为、不善作为的问题。譬如,一面是供给侧改革、互联网金融、分享经济等新业态加速涌现,点击为满,在上拉新的事物,不会侧判断、管控风险;一面是被传统思维束缚,技术创新的经济列学前待转换,一面是部分干部"老办法不能用,新办法又不会用",点对策略置之,而对经济下滑无可奈何。

应当看到,在新事物、新的形势出现之际,"不会为"的问题都会出现。改革开放之初,习惯于搞计划经济的干部对搞"大包干",发展乡镇企业、扩大对外开放一度很不适应。加入世界贸易组织,很多人也面为思路不清、跟界不实,产生了国内行业经验不起外来冲击的担忧。落地"摸着石头过河",不断探索突破,"在游泳中学游泳",大家就逐步适应了。新常态也是一样,适应会有一个过程,左右为难之际是不断磨炼这个过程。假若都是看着"点",又怎么能适应?

没有人天然拥有做好一件新事情的能力,谁都需要从干中学、在学中干。进退维谷之中如何稳步推进,左右为难之际如何左右逢源?靠逆飞不能打天下,"异潮风向海头太口"的勇气和智识,才是制胜夺得克难、从最取胜的法宝。所谓"难者不会,会者不难",加深对"三期叠加"和速度变化、结构优化、动力转换新特征的认识理解,解决素

养和能力上的不适应、不同步,就没有翻不过的山、迈不过的坎。从这个意义上讲,"不会为"固然是方法能力的问题,又何尝不是态度信念的问题?在信念上坚定不一,在态度上决绝无二,我们就向告别"不会为"迈出了坚定一步。

古人云,"一了千明,一迷万惑"。认识、适应、引领新常态是一场广泛而深刻的变革,经济在转轨、结构在转型,我们的发展方式、管理形式和思维模式也需要与时俱进。结构性产能过剩是革发展翘不过去的雄峰关口,调整经济结构,是我们必须完成的历史任务。我们既要有闯关夺隘的决心,也要有怎思慎断的定力,在主动换挡中进为增益中应对变化,在主动应变中应对变化,正是我们"在新常态下"应时而动、抢机在手。以思想观念上的大胆创新,为深化改革勇风气之先,用行风状态上的新昭奋发为干事业转进精神之魄,我们方

能应付裕如、占据主动。

永恒是变化的代名词,世界上唯一不变的,就是一切都在变"通其变,天下无弊法",实现新常态下的"会作为",要有新思路,新办法。比如,稳增长就不能再冒目地上项目,而应更多注重供给侧结构性改革;宏观调控要更加重视引导市场经济和社会心理预期,增强政策透明度和可预期的;增强产业创新能力发展理念新的持续创新的第一动力作用。实现新常态下的"会作为",还要有新的着力点和新办法。比如,新型城镇化要更多以人为核心,让更多人口融入城镇;比如群众关心的生态环境问题入手,加快绿色生产方式和消费方式;要注重对接人群绿得实绩绩事盈利,有效提升他们应及晚后代的发展能力。正所谓以变则灵,以变制变,以变制宜,思路对头,引领新常态还大有可为,正可以大显身手。

察势者智,顺势者赢,驭势者独步天下,面对新常态是时代掀起弈奔腾的一个崭新阶段,恰是国家发展格局的一个全新阶段,认清了新常态的去来、察纳这态势而谋、顺势而为,领新常态的重任。

人民日报

"对症下药、坚持用药"8个字是否靠谱,读过全书或有结论。尤其"坚持用药",看似寡淡之极,但全天下医嘱却于此"常态"不敢有丝毫的怠慢。

明者因时而变,知者随事而制。事物曾经的"常态"有些过了时,有些提了速,面对新情况,咋说?咋办?2015年12月22日,《人民日报》就曾刊登出评论员李斌撰写的《引领新常态,呼唤干部"会作为"》,其中写道:

"所谓'难者不会,会者不难',加深对'三期叠加'和速度变化、结构优化、动力转换新特征的认识理解,解决素养和能力上的不适应、不同步,就没有翻不过的山、迈不过的坎……古人云,'一了千明,一迷万惑'。认识、适应、引领新常态是一场广泛而深刻的变革,经济在转轨、结构在转型,我们的发展方式、管理形式和思维模式也需要与时俱进。"

文章不仅告知"察势者智,顺势者赢,驭势者独步天下",同时明示,只有"因势而谋、应势而动、顺势而为"才可能"真正担当起引领新常态的重任"。"13个部门"因故走到一起,消极地讲,九龙治水不见水,积极地看,"会诊"一旦成为新常态,日后面对任何"大城市病"或"小城市病",将不再心存愧疚、面带难色……

乱　象

万状难捱牛皮癣

LUANXIANG
WANZHUANG NANAI NIUPIXUAN

对于小广告的陈述，官方有官方语言，媒体有媒体术语，于此百姓又会怎样说，6年前北京晚报一篇读者来信，说得很客观，也很客气：

"非法小广告在京城由来已久，早在上个世纪80年代末就开始'显山露水'，至今少说也有20年历史了。在这么长的时间里，非法小广告的内容越来越多，地盘越来越大，有越演越烈、屡禁不止之势。人行道上、公交站牌，还有电线杆、过街桥，甚至居民楼楼道里、楼梯上，报箱和牛奶箱，无一幸免，都被贴上或是印上了小广告。用铺天盖地来形容小广告的程度，一点都不过分。"

其实，更有甚者，早在十年前，小广告就已然贴上了警车、城管车！究竟是什么人吃了熊心豹子胆如此肆无忌惮，透过老照片不难发现，"一代张贴者"多是些四六不懂的"小玩闹"，看上去既没有什么来头，也没有什么行头，混在人群中就是个普通人，按在大街上就是个小可怜，然而就是这么一些不速之客，竟然让所到之处患上了痛痒难捱、久治不愈的"牛皮癣"。

从楼道，到街市，再到公交车站、地铁车厢，非法小广告的蔓延路径，不仅越走越没边，越扯越邪乎，同时张贴者也越长越顺溜儿，越活越精神，日前有媒体告知，此等"广告中人"已不乏"眼镜男"和"长发女"。

盐为什么咸？醋为什么酸？人为什么晕？事为什么糗？社会学有个"破窗效应"的理论，说的是房屋外窗受损若不及时修缮的话，接下来可能会有更严重的破坏；同样，墙面出现涂鸦等污物如不及时清洗，可能会很快涂满更加不堪入目的东西。2015年，在中央相关重要会议上，习总书记曾从反腐层面特别警示了"破窗效应"的危害，响鼓重锤，振聋发聩……

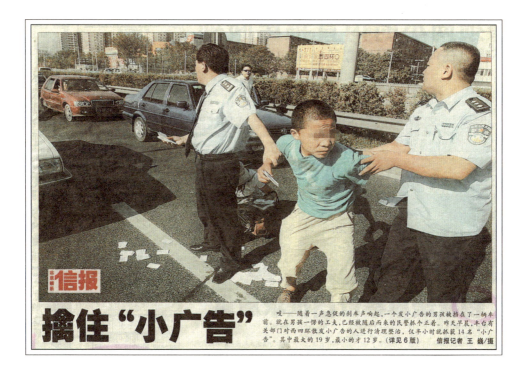

擒住 "小广告"

吱——随着一声急促的刹车声响起，一个发小广告的男孩被挡在了一辆车前。就在男孩一愣的工夫，已经被随后而来的民警抓个正着。昨天早晨，丰台有关部门对西四环散发小广告的人进行清理整治，仅半小时就抓获14名"小广告"。其中最大的19岁，最小的才12岁。(详见6版) 信报记者 王巍/摄

　　说过了九龙治水，说过了正本清源，接下来必须要说说什么是"小广告"。其实，"小广告"既是某些人的别名，也是某类物的别称，2005年7月6日《信报》刊登了记者王巍的报道，画面中束手就擒的是关联人，地面散落的是关联物。

　　图片配有如下说明："吱——随着一声急促的刹车声响起，一个发小广告的男孩被挡在了一辆车前。就在男孩一愣的工夫，已经被随后而来的民警抓个正着。昨天早晨，丰台有关部门对西四环散发小广告的人进行清理整治，仅半小时就抓获14名'小广告'。其中最大的19岁，最小的才12岁。"

　　应该说这是此间较早搜集到的有关"小广告"的媒体报道，场面很难得，画面很逼真，尽管做了技术处理，但仍看得出"小广告"一脸的无奈与忿忿。原来这就是令人谈"糊"色变的"小广告"，看上去既没有什么来头，也没有什么行头，混在人群中就是个普通人，按在大街上就是个小可怜，然而就是这么一些个不速之客，竟然让所到之处患上痛痒难挓的"牛皮癣"。

　　盐为什么咸？醋为什么酸？"小广告"之所以能蹬鼻子上脸，与发端之时的"昵称"不无关系，倘若早就判定为"非法传单"，估计没几个够胆闲扯淡……

文物难逃小广告

始建于明正统十二年的昌平朝宗桥石碑是110国道进京的重要"路标"。此桥与卢沟桥、永通桥(俗称八里桥),并称为"拱卫京师三大桥梁",此桥是市级重点文物保护单位。因其位于国道进京必经之路,"小广告"们也不请自来了,乱七八糟的小广告无情地涂在了石碑上。 甘南 摄 B149

2006年10月23日《北京晚报》刊登甘南提供的报道,题为《文物难逃小广告》,其中说道:"始建于明正统十二年的昌平朝宗桥石碑是110国道进京的重要'路标'。此桥与卢沟桥、永通桥并称为'拱卫京师三大桥梁',此桥是市级重点文物保护单位。因其位于国道进京必经之路,'小广告'们也不请自来了,乱七八糟的小广告无情地涂在了石碑上。"

初读老剪报,第一感觉是"小广告"可恶之极,不仅糟践当下,同时亵渎历史。然而再读,却读出几分难堪。人是环境的产物,物是心境的造像,当文物沦落为无遮无拦的街边物,让没文化的整出有文化的感觉实在勉为其难。

社会学有个"破窗效应"的理论,说的是房屋外窗受损若不及时修缮,接下来可能会有更严重的破坏;同样,墙面出现涂鸦如不及时清洗,可能会很快涂满更不堪入目的东西。2015年,在中央相关重要会议上,习总书记曾从反腐的层面特别警示了"破窗效应"的危害,响鼓重锤,振聋发聩。

视此由不得想,其实当初都不用往"破坏文物"上扯,仅个"故意破坏110国道进京重要路标",就够碑体所留电话的机主好好喝一壶……

色情小广告竟然贴上城管车

城管队员正在清理被贴在车上的小广告

　　无知者果然无畏。2006 年 9 月 26 日《竞报》告知，23 张色情小广告居然插上了城管执法车，城管部门逐一核实电话号码后，对小广告上的电话办理了停机手续。看来万事开头并不难。

小广告涂上警车

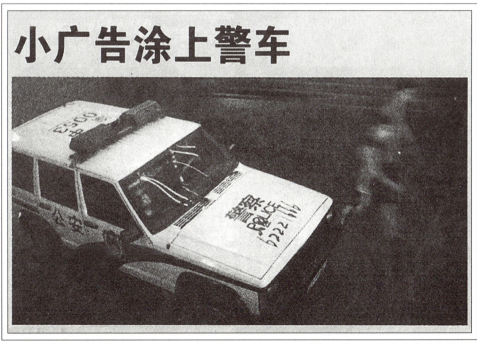

　　2007 年 6 月 5 日《竞报》披露，有人吃了熊心豹子胆，竟把"办证"小广告涂到警车上。在正常人眼里，警车绝对"横"过城管车，但在法盲看来，一切都是信手拈来的画布。

责任编辑／王海涓　版面设计／艾姗姗　　　　　　　BEIJING EVENING NEWS

10

北京新闻／社区

国瑞城门禁挡不住小广告 而且写得要比擦得快

一扇电梯门长了7块"癣"

本报讯(记者刘琳)位于崇文门附近的国瑞城小区一向将自己定位为高级社区，如今这个高级社区却躲不掉尴尬的处境：保洁、租房、家政等手写样式的小广告遍布于小区的各个角落，一些长满"牛皮癣"的电梯门更是让人"惨不忍睹"。一位国瑞城小区居民无奈地说，虽然物业会不定期地清理这些小广告，但擦洗的速度远没有写的快，往往是刚有人将这些小广告清除后，过不了多久，"牛皮癣"便又会复发难以"根治"。

一扇门写了7个广告

租房的、保洁的、水站的、家政的，一个电梯门上竟然遍布了7个广告电话，这是记者昨天下午在国瑞城10号楼5单元看到的一幕。"这不算新鲜。"看到记者忍不住发出惊诧声，正在楼道里清理物品的居民陈先生直起腰来说，有时连家门口都被贴满了小广告，而且，这种情况几乎每栋楼都存在。

"你看，这还有不干胶的印儿呢！"陈先生指着楼道墙上一些尚未清除干净的痕迹说，虽

"牛皮癣"就又会复发。

门禁竟然形同虚设

"我认为这问题就出在小区的门禁上。"陈先生说，小区管理相当松散，任何人都可以随意进入小区，楼道前的门禁根本是如同虚设。

"春节前就向物业提出来很多门禁坏了，到现在还没解决。当时说联系厂家来给统一报修，到现在门上贴了通知，说是调试好了，可是我看了好几个门的，都没修好，不但插不上，存在严重质量问题。"在国瑞城的业主论坛上，一名业主样留言道。

社区环境靠大家爱护

"没办法，小广告的问题不是一两天能治理得了的。"国瑞物业的一名工作人员告诉记者，据他所知保洁员每天都会进行清理，我也试着擦过，一会几个们说，他会将这一情况反馈给禁的问题，这名工作人员说，门禁频频损坏多是由

尽管已然贴上了警车城管车，但最初小广告好像没那么邪乎。2007 年 4 月 17 日《北京晚报》在专版头条刊登了记者刘琳采写的报道《一扇电梯门长了 7 块"癣"》，看来，在当时，"7 块"已经够上了社会新闻，为此记者写道：

"租房的、保洁的、水站的、家政的，一个电梯门上竟然遍布了 7 个广告电话，这是记者昨天下午在国瑞城 10 号楼 5 单元看到的一幕。'这不算新鲜。'看到记者忍不住发出惊诧声，正在楼道里清理物品的居民陈先生说，有时连家门口都被贴满了小广告，而且这种情况几乎每栋楼都存在。"

作为身受其害的当事人，对于破坏以往正常生活的小广告，陈先生不仅低头不见抬头见，同时也低头不想抬头想，最终得出了"问题出在小区门禁"的说法。原来小区管理相当松散，任何人都可以随意进入小区，楼道前的门禁形同虚设，春节前坏了就向物业提出，可到现在还没解决。于此，同样天天面对"糟状"的物业另有说法，告知"门禁频频损坏多是由于居民不爱护"，因此在尽力联系维修的同时，也呼吁居民们能真正地爱护小区公共设施。

看来，在有待厘清的思绪里，"门禁"无论如何也是躲不开的一道坎儿……

北京晚报 2007年11月20日 BEIJING EVENING NEWS

迎奥运 讲文明 树新风

环境建设

社区居民自己想办法创造"整洁有序门前环境"

大喇叭"喊"走小广告

本报讯（记者孙颖）今天"整洁有序门前环境评选"公布了第21期榜单，记者看到，因为喇叭喊走了小区里的小广告，东外小街8号院首次登上了红榜。

曾几何时，北京不少地方的立交桥、电线杆、公交站牌等设施贴满了花花绿绿的非法小广告，严重影响城市形象且屡禁不绝。可是在东城区的东外小街8号院里，却几乎看不到小广告的踪影。原来，为了杜绝非法小广告四处粘贴、散发的情况，这个小区安装了监控设备和大喇叭，居委会的大爷、大妈们通过监控器随时对小区内的情况进行实

时监察，一旦发现有可疑人员要粘贴小广告，就会马上通过大喇叭喊话，劝阻贴小广告的人。如果还无法制止，大爷大妈们就会互相通知，赶到现场阻拦。渐渐地，小广告就在小区里销声匿迹了。

记者从北京市2008环境建设指挥部获悉，随着"整洁有序门前环境评选"的展开，已经发现了许多来自自觉的好办法。本期上榜的柳荫阁也是因为社区出台自治的好办法，解决了养狗的难题。近年来，城市里养狗的人家越来越多，有的狗主人遛狗的时候不拴狗链，放任狗随地大小便，对环境也产生了不少影响。应对

狗患，柳荫街成立了养犬文明俱乐部。这个俱乐部是柳荫街的养犬人自发成立的，不但制定了文明养犬公约，而且还全民总动员，大伙在日常生活中只要发现有不文明养犬的行为，就会主动地上前劝导、制止。据介绍，本期10家红榜单位中首次有过半单位是靠居民自己"力挺"上红榜的：包括居民主动抵制小商小贩摆摊设点、劝导其离开的东晓市街，成立了"社区环境秩序劝导队"的文体路永善小区，居民自己动手装点小院的钱粮胡同25号院等。 X133

红榜

①崇文区东晓市街（崇文）
②北京华润大厦有限公司（东城）
③北京西站南广场（海淀）
④北京金源时代购物中心（海淀）
⑤晋阳饭庄（宣武）
⑥柳荫阁门前（西城）
⑦丰台区文体路永善小区（丰台）
⑧钱粮胡同25号院（东城）
⑨西王庄小区（海淀）
⑩东外小街8号院（东城）

不管之前的居住条件如何，哪怕家徒四壁，也至少是"四白落地"。自从小广告进了楼，眼里就没消停过，忍无可忍，眼不见心不烦，2007年11月30日《北京晚报》登出记者孙颖采写的新闻《大喇叭"喊"走小广告》，其中说道：

"曾几何时，北京不少地方的立交桥、电线杆、公交站牌等设施贴满了花花绿绿的非法小广告，严重影响城市形象且屡禁不绝。可是在东城区的东外小街8号院里，却几乎看不到小广告的踪影。原来，为了杜绝非法小广告四处粘贴、散发的情况，这个小区安装了监控设备和大喇叭，居委会的大爷、大妈们通过监控器随时对小区内的情况进行实时监察，一旦发现有可疑人员要粘贴小广告，就会马上通过大喇叭喊话，劝阻贴小广告的人。如果还无法制止，大爷大妈们就会互相通知，赶到现场阻拦。渐渐地，小广告就在小区里销声匿迹了。"

据说，这是统一开展的"整洁有序门前环境评选活动"中"来自基层的好办法"。招数的确挺灵，但毕竟属于无奈之举没辙的辙，且不说本该颐养天年的老人家日复一日累不累，也不讲突如其来的喊话吵不吵，仅个平静的日子让张小纸片炸开了锅，城市管理又平添了几多"剪不断，理还乱"……

小广告从哪儿蔓延开来似乎无从考证，然而这是个必须较真的问题，相关部门有无研判不清楚，但有责任的媒体不待扬鞭自奋蹄。2009年4月14日《北京晚报》刊登记者许前程采写的《非法小广告偏爱老社区》，其中说道：

"张先生发现楼道里的小广告越来越多了，先是直接用漆印到墙上的，而后是用不干胶贴到墙上的，再后来不干胶上又贴了新的不干胶。看着白墙变得五彩斑斓，张先生感觉很气愤，并拨打市政府非紧急救助服务中心12345寻求帮助。不法人员之所以热衷于在老小区张贴小广告，是觉得老小区缺乏相关服务，有市场空间，加上进出也比较方便。有居民这样分析。记者走访了不少没有门禁系统的老小区，看到小广告随意张贴问题都很严重。"

记者很负责任，不仅发现"没有门禁的老小区小广告张贴问题的确很严重"，同时还主动与城管部门取得了联系。往后的事情开始有些扑朔迷离，虽说离"13个部门"还有段距离，但"龙多四靠"的定律已然显现——先是城管告知楼道内小广告问题还得向小区物业反映，接下来物业表示经常清理甚至连墙皮都铲掉了，最终记者从旁了解到"此事已转到街道办事处"……

BEIJING EVENING NEWS

北京晚报

民生新闻

市政府 12345
市情与民声

我们日夜在聆听

刚刚刷白的墙壁又被喷花了

居民蹲楼道　严防小广告

本报讯（记者李环宇）楼道里频频被喷上小广告，这让居住在丰台区右安门外玉林东里三区的居民很是烦恼，为此他们拨打市非紧急救助服务中心 12345 反映："希望有关部门能及时清理小广告，还住户一个干净整洁的楼道。"

一进三区 12 号楼的楼道，记者就看到雪白的墙壁上，醒目地喷涂着黑色的疏通下水等小广告。"不光是墙壁，就连台阶和楼梯顶部都被喷涂上了小广告。"指着一块块黑色的城市'牛皮癣'，居民姜先生很是无奈。

2008 年，这栋有着近 30 年楼龄的居民楼从内到外粉刷一新，可没想到，小广告很快就入侵楼道。

今年 8 月，姜先生给有关部门打电话反映这个问题，第二天就有相关工作人员进楼，将小广告用白灰粉刷掉了。可没过多久小广告又来了。

"总不能整宿都盯着去抓喷小广告的人吧。"一位居民告诉记者，虽然每个楼门都有楼长，但楼门不封闭，再加上贴小广告的人神出鬼没，总喜欢在深夜偷偷行动，这让大家没了办法。有居民曾蹲在楼道拐角处听动静，但熬不住阵阵困意，最终只得作罢。

对于楼内的牛皮癣何时能够得

　　"我们日夜在聆听"是《北京晚报》2007 年开办的民生专栏，为市政府与市民搭建了很好的沟通平台，时任市长曾充分肯定，并表示"要继续聆听下去"。

　　2010 年 11 月 12 日该栏目刊登记者李环宇采写的《居民蹲楼道，严防小广告》，其中说道："楼道里频频被喷上小广告，这让居住在玉林东里三区的居民很是烦恼，为此他们拨打市非紧急救助服务中心 12345 反映：'希望有关部门及时清理小广告，还住户一个干净整洁的楼道。'一进楼道，记者就看到雪白的墙壁上醒目地喷涂着黑色的疏通下水等小广告。'不光是墙壁，就连台阶和楼梯顶部都被喷涂上了小广告。'指着一块块黑色的城市'牛皮癣'，居民姜先生很是无奈。2008 年，这栋有着近 30 年楼龄的居民楼从内到外粉刷一新，可没想到，小广告很快就入侵楼道。对于楼内的'牛皮癣'何时能够得到清理居民们很是着急。"

　　热心肠的记者这回联系到了街道办事处，虽说较之前清理小广告工作有了明确的分工，但眼下专职清理小广告的人员只有三四名，相关工作人员告知，"勉强够维持主要街道上的小广告清理，对于楼内小广告，只能依靠当地社区居委会进行不定期检查和清除"。由此，于是有了以上新闻标题……

作为值得信赖的老牌都市报，广大读者与《北京晚报》的互动由来已久，围绕过日子这点事，看到啥说啥，想起啥聊啥。曾经有句流行语，受到商家刁难，市民多会饶上一句"你等着，待会儿到晚报告你去"。2010年6月3日晚报"读者"专栏刊登读者张家驹来信《小广告泛滥几时休》，其中说道：

"非法小广告在京城由来已久，早在上个世纪的80年代末就开始'显山露水'，至今少说也有20年历史了。在这么长的时间里，非法小广告的内容越来越多，地盘越来越大，有越演越烈、屡禁不止之势。人行道上，公交站牌，还有电线杆、过街桥，甚至居民楼楼道里、楼梯上，报箱和牛奶箱，无一幸免都被贴上或是印上了小广告。用铺天盖地来形容小广告的程度，一点都不过分。"

此公真乃有心人，叙述中不仅在"小广告"前面加了"非法"二字，不仅对其罪恶史进程了如指掌，同时指出"小广告为何泛滥？我认为主要原因就是有关具体执法部门对此不重视，就是管也是治标不治本"。更要点赞的是，此良言非同彼吐槽，"根治小广告关键是有关部门要管，且一管到底，对粘贴和发布制作小广告的人要严厉打击，实行依法管理，不能只罚点钱了事"，真可谓一语中的……

2011 年 8 月 1 日《北京晚报》刊登记者黄敬采写的《啥招都用了，还是管不住小广告》。尽管听上去有些失落，看上去有些哀怨，但治理小广告"成长的烦恼"也尽在其中。文章说道：

"家住颐和山庄的徐先生日前向市非紧急救助服务中心反映，小广告在整个小区泛滥，不但楼道里有，连楼体外墙也喷上了广告。小区物业经理表示，他们已经采取了一些整治措施，虽然有些效果，但仍无法制止乱贴小广告的行为。记者注意到，这些小广告不但占据了楼内过道的墙壁，连楼房的外立面也没有放过。许多用黑色油漆喷在墙壁上的广告重重叠叠，远远看去显得一团脏。"

业主向记者诉苦，言者有意，听者有心，无论"每天回家看在眼里的就是这些，你说心情能舒畅么"，还是"这些人随随便便就在楼里进出，也不安全啊"，话不多，却把"城市管理是面子，社会治理是里子，二者交叉融合"的硬道理说得明明白白清清楚楚。

此外，小区物业经理也道出一些"鲜为人知"，原来小广告既有外人贴的，也有业主自己贴的，可也是，"房屋出租"一类的信息看来也得有个落脚处……

31

2011 年 5 月 18 日《新华每日电讯》"画里有话"专栏，刊登了李雪曼拍摄的新闻照片《墙体艺术?》。往前翻几页，回到《一扇电梯门长了 7 块"癣"》，细心的读者似乎不难发现，前后仅仅相隔 4 年，但楼道小广告的数量却翻了好几番，当年"7 块"已属新闻，虽然并非同地而语，但数量激增还是暴露出许多问题。

图片配文写道："在经过了'三年大变样'的石家庄，到处充满着现代气息，新建起的小区干净、整齐、漂亮。但在一些建筑年代比较早的小区内，却是别有一番'特色'，墙面、楼梯甚至是信箱都成了一些行业钟爱的宣传'阵地'"。

为此，栏目主持刘晶瑶有感而发："如狗皮膏药一样的小广告刷满整整一面墙。如此墙体艺术，让众多住户哭笑不得。如果把墙刷白，不出几日，小广告定会卷土重来。说实话，看着自家好好的墙面被糟践成这样，没有谁还有心思真去拨打电话，让这些商家来给自己服务。"

如果顺着"画里有话"的思路往下想，相信读者的"有感而发"能写成一本书。冰冻三尺非一日之寒，能让"小广告"半夜三更偷偷摸摸把坏事办得如此从容、如此淡定，看来社会治理"重心下沉"绝非儿戏……

在本章开篇《擒住"小广告"》的叙述中，曾误将这些捣蛋鬼贬为"没文化"，看来此言实在差矣。2015年5月10日《北京晚报》刊登张骁的稿件《小广告在居民门前贴"对联"》，上联全是"疏通管道"，下联全是"正规开锁"，气得住户只能打趣说，还少个"欠抓欠罚"的横批。

其实，楼道小广告带来的危害远远不止是有碍观瞻。时隔两个月，2015年7月8日《北京晚报》刊登记者王蔷采写的《门上小广告，引来入室贼，窃贼盗得钥匙开走奥迪Q5》，其中讲道："周某见一户人家门上贴了许多小广告，门把手还插了厚厚的一卷，推测房主一定不在家，于是便按照网上学来的方法使用工具开始撬锁。离开时鞋柜上的两串钥匙引起他的注意，一把是奥迪Q5车钥匙，另一把是门钥匙，上面还贴着详细地址，恰恰就是这户的正对门的。于是周某轻松进入对面住户家，开始新一轮'扫荡'，又到停车场找到奥迪Q5并开回老家。"

细想起来，应对"小广告"之初，似乎没有将危害与"乱心"串联，也没有和"盗窃"并联，否则，不仅治理力度或有所改观，同时"13个部门"究竟以谁为主，"九龙治水"到底谁是头龙，估计也会重新排座次……

前面讲述的老剪报大体说的是小区、楼道，其实小广告乱眼、闹心的地方远不止这些，说句不过头的话，但凡有点"面"，就绝对躲不开无端骚扰。在所有"有面"的地方，地面不仅面积最大，同时"你走得，我也走得"，于是，不知从哪天开始，小广告有如蝗灾铺天盖地席卷而来。

2010年6月1日《北京晚报》刊登记者许前程采写的《收药小广告贴满人行道》，其中说道："家住北京肿瘤医院西门的李先生向市非紧急救助服务中心反映，肿瘤医院周边经常有'收药'的小广告贴在地砖上，一块约0.2平方米的地面上竟贴了70张小广告。李先生认为这样的行为已经严重影响了北京城市环境，应该按照治安处罚条例对这些张贴小广告的人加大处罚力度。"

记者同时告知，李先生曾向医院办公室反映，院方表示，医院保安没有执法权，也没有办法完全制止这些泛滥的小广告，管过，甚至还发生过冲突。

就此记者还联系了城管，对方称"他们有人在附近值守，但很多贴小广告的是夜间行动，他们也较难禁止"。或许是吹毛求疵，扯到治理小广告的"本"与"源"，相关部门的作息时间似应与小广告主动"对对表"……

2010 年 8 月 17 日 ／ 北京晚报 ／ BEIJING EVENING NEWS ／ 责任编辑／周家望

热线新闻

版面设计／宋溪　7

不装修不买房 照样能提取住房公积金

骗提公积金小广告满地贴

管理部门表示 以造假资料申提公积金涉嫌诈骗

既不装修也不买房，名下也没有房产，照样能提取住房公积金？在大多数人看来，这是完全不可能实现的事儿。可是，在"公积金中介"眼里，这简直就是小儿科，他们把这项业务做成了小广告，四处乱贴。记者今天上午拨通了一位中介的电话，对方打包票说："您只要提供姓名、身份证复印件、单位名称和地址，我们就能帮您搞定，您成功提现后再付费，够靠谱的吧？"

"提取公积金"小广告很吃香

最近几天，记者在蓟门桥、大钟寺、中关村等多处的地面上，都看到了很多这样的小广告，大大的手机号旁边，印着的不再是"刻章办证"，而是"提取公积金"。"真能帮您提取公积金？要不试试？"一对趣着提取公积金号而心动了心想，他们并拿饭头记录着电话号码的举动，又吸引了几名路人围过来看地上的小广告。"虽说你存公积金存在银行不会跑了，到了退休时都会一并取走，可是我们现在才30岁，距离退休还得20多年，等到退休时，即便能取到40万元，还不知道到时候能买个啥呀。"一对年轻夫妇如是自嘲。

"亲密"渠道假办外地房产

按照其中一张小广告上面提供的手机号码，记者拨通了对方的电话，结果显示是河北的号码，"我们在北京办公，不过不敢用北京的号码，否则会被封号的"。接电话的一位小伙子笑嘻嘻地对记者说，在得知记者不装修房子，也不购买房子，名下更没有房产后，小伙子说："我们就是为您这种没有正规手续提取公积金的人办事儿的。"小伙子提醒，只需要提供姓名、身份证复印件、单位名称和地址，其他手续他们来办，在记者的多次询问下，小伙子道破玄机，他所在的中介公司与河南的一家中介公司合作，北京中介负责接待客源，河南中介负责与当地的房管所"沟通"，通过"亲密"渠道获得一份假的房产证明。有了这份房产证，提取人就可以到所在单位申请提取住房公积金了"房产在外地，北京的机构绝对查不出来破绽，100%成功"。小伙子承诺说，提现成功后，他们才收费，提取两三万元，收3000元中介费，提取10万元收5000元中介费，提取20万元以上，统一收取6000元中介费。当记者询问到可能会在事后被"吃黑时"，小伙子委屈地说："不是我一个人在黑它吃饭呐，上面的人要吃，真没法这样了吗。"

记者随后在百度搜索"住房公积金提取"，无论是"推广链接广告，还是在普通的搜索结果中，都藏着类似的信息，记者随机选取了一家公司询问，该公司表示"能帮到外地的假购房合同"，当记者表示希望进一步了解通过哪个地方的关系获取合同时，对方表示如果真想提取公积金就见面谈，同时还表示他们公司的业务做得比较多，客户可以放心地交给他们处理。

假资料申提公积金涉嫌诈骗

今天上午，记者通过北京住房公积金管理中心客服电话了解到，按照《住房公积金管理条例》规定，职工在购买、建造、翻建、大修自住住房，或离休、退休，或丧失劳动能力并与单位终止劳动关系，或房租超出家庭工资收入的规定比例等情况下，才使申请提取住房公积金。同时，对于公积金缴存在北京地区的职工，如果在外地购买了房产，也是可以凭相关的材料申请提取公积金的。但是，客服人员表示，如果是通过造假资料提交申请，一经发现，管理中心将以涉嫌诈骗为由向公安机关报案，依法处理。

本报记者 于海波
实习生 陈适 J003

在日常生活中，"住房公积金"是个有板有眼二乎不得的专用词，闲得难受打此主意，通常不会有什么好果子吃。然而，无法无天的小广告却不管这一套，想贴什么就贴什么，想吆喝什么就吆喝什么。这不是，2010 年 8 月 17 日《北京晚报》记者于海就披露了《骗提公积金小广告满地贴》，其中说道：

"既不装修也不买房，名下也没有房产，照样能提取住房公积金？在大多数人看来这是完全不可能实现的事儿。最近几天，记者在蓟门桥、大钟寺、中关村等多处的地面上，都看到了很多这样的小广告，大大的手机号旁边，印着的不再是'刻章办证'，而是'提取公积金'。按照其中一张小广告上面提供的手机号码，记者拨通了对方的电话，结果显示是河北的号码，'我们在北京办公，不过不敢用北京的号码，否则会被封号的'。接电话的一位小伙子笑嘻嘻地对记者说，在得知记者既不装修房子，也不购买房子。名下更没有房产后，小伙子说：'我们就是为您这种没有正规手续提取公积金的人办事儿的。'"

有人曾讲"小广告与需求接轨"，听上去似乎有理，但人的"需求"不仅有待验证，同时"满足需求的方式"也有待论证……

早在小广告泛滥初期，不仅居民区、人行道深受其害，同时马路上正常行驶的车辆也深受其扰，甚至还派生出"卡娃"的称谓。2007年9月5日《北京晚报》刊登记者黄敬、实习生骆倩雯采写的《乱插小广告触目惊心》，其中说道：

"'这些站在路中央乱插小广告的人真是太可恶了，不但毁车，搞脏了路面，还容易酿成交通事故。交管部门屡次打击也总是治标不治本，真不知道什么时候这里才能真正的安宁下来。'每天上下班路过岳各庄北桥的华先生向北京市非紧急救助中心反映说。华先生告诉记者：'一般在早上七八点左右，一些孩子，也有年轻人，就会在主路上散发小广告，各自站在不同的行车道上，左右开弓，向汽车车身的缝隙里塞名片。'"

华先生同样是个明白人、热心人，透过往车窗乱插小广告这点事，感觉到此事直接牵涉两个严重问题，一是交通隐患，二是环境卫生，而"交通隐患"又包括了两类事，一是给早高峰严重添堵，二是"在密集车流中腾挪躲闪太过危险"。

不清楚这样的分析论证有关部门是否"上过会"，不知道这样的古道热肠有关部门是否"有过请"，同样的媒体报道，看与不看，收获大不一样……

"卡娃"乱插的小广告究竟是些啥内容，前文没有谈及，这件事不搞清楚，后面的事情就无法对症下药。2008年3月10日《法制晚报》记者洪雪、曹博远跟进揭底，告知《11万张小广告藏身售楼处》，其中说道：

"因为近来楼市不景气，一些开发商雇人在街头散发小广告的现象又有所抬头。前日下午，通州城管大队北苑分队巡查时发现，有人便趁着机动车停车等灯时散发小广告，内容均为某楼盘广告。按照广告上的地址，城管队员找到售楼处，在地下室里发现了大量尚未散发的小广告。据销售人员讲，为了促销，在明知违法的情况下仍组织人员在繁华大街、大型超市和学校周边散发，而当日被城管收缴的小广告为刚刚运来的，还没有来得及转移。"

上述报道同时告知，"城管队将依据《北京市市容环境卫生条例》相关条款进行处罚，小广告上的电话已被停机"。应该说，本书叙写至此"停机"还是个新概念，相关情况后面篇章将有专述，这里仅就"非法"之外的小广告特征做些说明：其一，"个头不大"；其二，"留有电话"。由此不由得想，非法行为作案居然还敢留电话，留电话还不怕找上门来，百思不得其解……

小广告泛滥　近日，北京街头的各种小广告又多了起来，主要集中在公交车站的站牌和旁边广告灯箱上。内容以夜总会招聘、重金求子、物流直聘、回收药品、办证等为多。图为西三环六里桥北里和公主坟南车站小广告泛滥的场景。李京生摄B149
2010．5．24

慢慢地，公交站也成了重灾区。2010 年 5 月 24 日《北京晚报》刊登李京生拍摄的图片报道，告知近日小广告多了起来，主要集中在公交站牌，内容以夜总会招聘、回收药品、办证等为多。

小广告冲击公交站　昨天，在六里桥北里的公交车站内出现了一大批五颜六色的小广告，令人眼花缭乱，这样的视觉污染应该引起有关部门的重视。王希宝摄B149

时隔数月，2010 年 8 月 3 日《北京晚报》刊登王希宝拍摄的新闻图片，告知上图所示之外的同类"视觉污染"应该引起有关部门的高度重视。瞅这阵势，似乎不是"忽如一夜梨花开"。

人大东门外小广告贴花过街桥

本报讯 (记者严文友 通讯员江致礼)"小广告像雪花儿般贴满过街天桥,塑料地砖黏起10多处,丢失后未及时补修,下雨积水溅行人,既影响行走,又有损北京形象。"前天,记者接到家住海淀区人民大学附近的刘先生电话诉说愤慨,当日赶到现场进行采访。

上午8时55分,记者来到了人民大学南边的过街天桥,它位于北三环四通桥北侧200米远,尽管离这座过街天桥以北400米左右还有一座过街桥,但路人告诉记者,该桥仍是路西大部分居民和人大师生到路东当代商场购物的首选通路,桥上小广告不仅贴满了地面,就连交通指示牌的

来,每天早晨四五点都看见几个10多岁的小孩,拿着许多非法小广告在桥上张贴。"天天起早到路东双榆树公园锻炼身体的刘先生告诉记者:"好几天没见到执法部门来管理了,这些小广告烦人,但更让人烦的是桥面地砖损坏后绊行人和下雨积水溅人裤脚。"

"看来小广告在北京还蛮有'市场'的嘛!"来北京旅游的一位先生在天桥上幽默地对记者说:"高价'收药'、'刻章,办证,真发票',真是一条龙服务呢!""学校马上开学了,'办证'的小广告,还不知道对新来的学生会造成什么影响。"一位女老师担心地说:"曾经有过新来的大学生到学校后,觉得上4年学时间太长,就按

街天桥,看见该处乱贴的小广告也不少,路边一些景观灯罩上也是用黑笔写的"办证"电话,采访中,很多路人希望有关部门对过街天桥日常管理要常态化。

根据有关规定,市市政设施管理部门负责管理快速路、主干路的道路及相应设施(包括步道、桥梁、人行过街天桥、地下通道、雨污水管线、泵站等)、污水输送网线、城市排水泵站、污水处理厂,以及全市车行立交桥和其他重要桥梁工作。记者从市交通委员会城市道路养护管理处了解到,目前本市除了部分连接商场的过街桥归商管理外,大部分属于该处负责养护维修、桥面保洁工作由环卫负责。

江致礼 摄 RB125

北京日报

无论如何没想到,大学居然也在劫难逃。2006年8月31日《北京日报》记者严文友通讯员江致礼告知,"人民大学东门过街天桥小广告贴满了地面,1平方米的桥面上贴了就有60多张"。

未名湖畔 "北大"遭小广告恶搞

本报讯记者李嘉瑞摄影报道
近日,在北京大学未名湖畔

昨天中午,在北京大学未名湖畔西侧,一名学生正在用手撕

文物保护单位—原燕京大学未名湖区"的字样,背面是对景区内

的。许多行人从此处路过,看到纪念碑上的小广告,纷纷停下脚

座"原燕京大学未名湖区"的纪念碑附近,却没有任何的保护人

北京青年报

2008年4月16日《北京青年报》见习记者李嘉瑞告知,"未名湖畔燕大纪念碑上,40张小广告组成'北大北大'四个字,学生老师纷纷对此表示愤怒,保卫处表示会尽快清理"。

在以往印象中,"灾区"已然就是泣不成声的"伤心地",而"重灾区"则更是惨不忍睹、雪上加霜。继公交车站被小广告肆意祸毁之后,不承想,行进中的地铁居然也成为小广告的盘中大餐。

2013年5月10日《北京晚报》用一个整版的篇幅刊登记者景一鸣、刘琳采写的《地铁成乞丐和小广告重灾区》,其中说道:

"多趟十号线列车车厢俨然已经成为各种房地产小广告的'重灾区'。记者从十号线成寿寺站上了车准备前往双井,此时车厢乘客并不多,车门还未关闭,一个长发女生就一路小跑着跳进车厢,利落地从包里掏出厚厚一沓房产广告,开始往车厢玻璃处的小平台上码放,每个车厢玻璃平台都没有逃过她的双手。此时,在相邻的车厢内,两名年轻男孩也不断从包里掏出各种宣传资料,卷成一卷往车厢拉手内塞。有的乘客好奇,拿起广告,看了几眼便丢到车厢地上,发广告的3个人也都看到了这一幕,却十分淡定地继续着他们的工作。"

阅读老剪报,不难看出些许怪名堂:一是透过"长发女"感知小广告从业结构出现变化,再是牛了半天最终还是有一怕,毕竟不敢在车窗、厢体乱来……

相隔没几天，长于深入报道的《新京报》，用了两个整版的篇幅谈及有恃无恐的小广告如何肆意糟践10号线。为使报道更全面客观，派出了杨锋、胡涵、李雪莹、李馨四名记者，并于2013年11月15日刊发了《10号线小广告 俩保洁半天扫出500斤》的专题报道，其中写道：

"昨日，记者以咨询业务为由联系了数家小广告派发公司，工作人员称，10号线具备小广告投放的优势：线路长，且是环线行驶，便于发放小广告；站点最多、换乘线最多并可连接北京各区域。一名小广告发放员称，10号线未成环线前，他们都是去2号线，理由是环线终点站不会清车，即早上出库后车一直开，直到晚上入库。这样小广告就会在车厢内多停留些时间。"

众记者果然"眼里不揉沙子"，采访中居然淘到"小广告派发员称10号线管得松、4号线管得严"，同时还从对方嘴里挖出"4号线主要采取数个措施进行监管，包括进站安检、车上巡逻、站点工作人员举报和总站清扫"的内部消息。为什么10号线对小广告监管同样是上述步骤但收效大相径庭，原来问题出在"他们与10号线多个站点的保安较熟悉，随便进出……"

新京报 2016年4月8日 星期五

A12 调查

快捷酒店"失守"色情小卡片

快捷酒店色情小卡片牵出色情服务团伙，卖淫女随叫随到；业内人士曝快捷酒店压缩成本忽视安保

调查 INVESTIGATION

7日凌晨，朝阳区7天连锁酒店（华威店）5楼客房门口的色情小卡片。

在北京快捷酒店入住的客人，应该不会对"小卡片"感到陌生。卡片上的女性穿着暴露，直言可提供性服务。一张小卡片背后是什么人在运作，是否存在团伙卖淫活动，他们跟酒店之间又有

"点石成金"小卡片

"涉黄小卡片"都有自己的"门道"进入酒店客房，酒店刷卡进电梯的措施，对发卡者来说形同虚设，他们完全可以走楼梯进去且无人阻拦。

4月6日，新京报记者探访了北京近10家快捷酒店，涉及如家、汉庭、7天等连锁快捷酒店，这些标有"情感陪护"、"微情少妇"、"飘飘欲仙"等字样的涉黄小卡片在酒店内俯拾即可。

在赵公口附近的汉庭酒店，电梯需要刷卡运行，但从楼梯间却可以轻松上到客房。每个楼层，走廊门都敞开着。

清洁工打扫客房，走廊、客房门口见得最多的垃圾，就是"涉黄小卡片"。多的时候，一层清理出数十张。

刘家窑地铁旁附近的一家7天连锁酒店，除了正门、走廊层与楼梯间通往楼外的通道也都敞开，并无门禁。

涉黄小卡片多了起来，一张张卡片上女子衣着暴露，如背药腰被贴往住房客踩在脚下。

晚上9时，记者正式登记入住，小卡片已被保洁埋进垃圾桶。

卡片上的电话号为北京本地手机号，记者打过去，一名东北口音的男子流利地介绍业务：普通的600、白领800、模特1000、洗浴、按摩……120分钟。

男子还特意强调说，是想到楼下接"小姐"，还是直接上门。"如果直接上门，必须就上房间号、姓氏。"

记者称可以下楼接客人，30分钟后，一名女子同话称，已在酒店三楼。

女子一头浅黄散发，身着白色外衣。眼瞅的是，另一路在酒店楼下守的记者，从未发现该白衣女子上楼。

据一名长期从事酒店业的内部人士介绍，可能有人长期包下连锁酒店的客房，专门从事卖淫活动。

　　如果想不到地铁成了小广告重灾区，那就更想不到新派酒店会变为色情小广告的聚集地，尽管那里的小广告被改称为"小卡片"，但违法的共性却不分伯仲。据说坏事发酵已久，要不是"体外"闹出了大动静，估计还很难石破天惊。

　　2016年4月7日《新京报》刊出《如家并入首旅首日遭遇"拖拽门"》，告知某女入住酒店被陌生男子跟踪并强行拖拽，经大力呼救脱险。原因很快查明，原来陌生男错将好人当作无良女。次日《新京报》刊登记者吴振鹏、赵力等人采写的《快捷酒店"失守"色情小卡片》，其中说道，"在北京快捷酒店入住的客人应该不会对'小卡片'陌生，卡片上的女性穿着暴露，直言可提供性服务"。

　　小卡片背后是什么人在运作？跟酒店之间又有什么关系？记者调查发现，虽然平时接到"涉黄小卡片"的报警不少，但发卡人行踪隐蔽很难发现，就算抓到也因未被发现参与现场卖淫，所以只能以扰乱秩序为由处罚。对此犯罪活动，严打态势从未间断，2011年9月北京曾组织340余名警力在宾馆饭店及嫌疑人居住地展开多点抓捕行动，仅一次行动就收缴"招嫖卡片"6万余张，按一间客房塞10张计算，一个涉黄团伙派发的至少覆盖6000多间客房……

同一天，《北京青年报》刊登记者池海波、杨琳采写的《揭秘招嫖小广告的幕后江湖》。您看，"小卡片＝小广告"吧！

记者通过采访发现——"隐藏在招嫖卡片背后的卖淫团伙为了躲避警方打击，采取了种种手段来规避正面与警方接触的可能性，而散发招嫖卡片的人员大都不会真正接触到卖淫团伙的核心成员。这一连串的问题，导致招嫖小卡片问题屡禁不止，也让这张卡片的背后形成一条完整、巨大的利益链条。卖淫嫖娼团伙之间甚至为此互相争抢地盘，由此又引发出一系列的治安甚至刑事案件。"

由于本书关注点是非法小广告，所以报摘多与之相关。新面孔、老营生究竟是些什么人？警方在侦办中发现，招嫖小广告的散发环节多是卖淫团伙的"外包"项目。不少被查获人员在接受警方讯问时表示，在网上看到招聘发传单的兼职信息，便与招聘方联系，有些甚至是到了现场才知道卡片上面印刷的内容，以致即便被民警查获也根本提供不出什么有价值的涉案线索。

非法小广告越整胆越大，越弄越没边，尽管早先也有台前幕后的分工，可一旦进入"招嫖"领域，瞬间劳务变成了"特务"，小老鼠变成了耗子精……

本章开篇是从十年前《信报》新闻图片起的头，因此章节收尾若由《信报》来断后简直再妥不过。也许是巧合，也许是话密，时隔11年，2016年4月28日，该报刊登了记者闫峥采写的《一日游小广告信不得》，其中说道：

"北京市消费者协会建议五一旅游的消费者，选择正规北京一日游、郊区游服务，避免上当受骗。消费者不要相信街头游商散发的非法小广告、小名片，不要轻信非法网站、小旅馆（店）介绍或组织的一日游、郊区游活动。同时，北京市消费者协会从未认证过任何旅游企业，凡在广告上印有消费者协会认证或盖章的广告，请消费者坚决抵制，切勿被小广告、小名片和揽客人员宣传的低团费诱惑。同时，不同的旅行社同一线路的团费价格也不尽相同，而团费高低也直接决定着旅游服务的质量，建议消费者不要盲目追求低价。"

北京人讲话"您瞧瞧"！旅游原本就是个"放下紧张、放下眼镜、放下常态、放下身段"的卖萌状，结果却让非法小广告给折腾得必须重新紧张起来，重新警觉起来，甚至还要撂下老花镜拿起放大镜，撂下好心情拿起"打狗棍"，睁大了眼睛，在价格陷阱中努力规避"盲目"所带来的后患与后怕。您说这叫啥事……

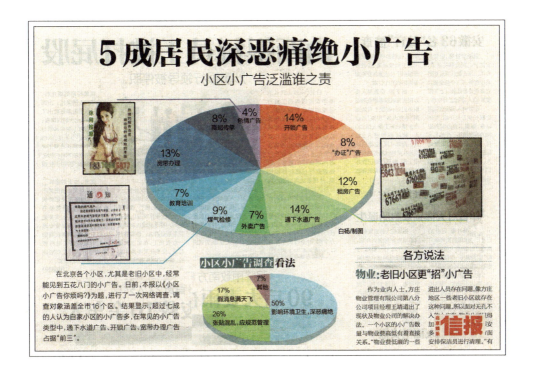

2016 年 6 月 21 日本书已结稿并送出版社，没想到因为一篇当日媒体报道重新汇总，重新排版。这篇报道来自《信报》，文章一分为二，先是在头版显著位置开题，告知经过网络调查数据分析发现北京"半数居民被小广告困扰"，接下来又在专版图文并茂说了一整版为什么"5 成居民深恶痛绝小广告"，其中说道：

"在北京各个小区，尤其是老旧小区中，经常能见到五花八门的小广告。日前，本报以《小区小广告你烦吗?》为题进行了一次网络调查，调查对象涵盖全市 16 个区。结果显示，超过七成的人认为自家小区小广告多，在常见的小广告类型中，通下水道广告、开锁广告、宽带办理广告占据'前三'。"

文章副标题"小区小广告泛滥谁之责"，调查结果表明"管理部门失职是主因"。在调查现场，"刘女士居住的丰台区远洋自然小区几乎看不到小广告。'这么干净的环境还是物业管理得好。'刘女士认为，小广告泛滥还是在于管理部门的失职，她认为的管理部门是物业"。群众的眼睛是亮的，同时也存在"东方不亮西方亮"，另一名调查参与者丁先生虽然认可是管理部门失职，但认为管理部门是居委会或者是其他有关职能部门，而并非物业一家……

技　防

水来土掩无底洞

JIFANG

SHUILAITUYAN WUDIDONG

作者不是研究"小广告"的专业户，所以自家储备的信息也很有局限，如果没有记错，北京最早"上的手段"是"400公斤压力水枪"。尔后，魔高一尺，道高一丈，逐渐由高压水枪升级为高压气枪，由自行研发兼顾了国外进口，总之，随着小广告介质、胶水的不断变化，执法者手里的家伙也鸟枪换炮。

相传2014年北京举办过市政清洗设备设施展览会，各种专治小广告的轻武器、重装备悉数亮相，虽说场面热闹得很，但业内人士却流露出"内心的忧烦"，因为如此这般，其实也凸显了城市管理的尴尬。

在所有的"技防"措施里，当年"市政设施3米以下部分都穿小广告防护衣"堪称大手笔，据了解，"推广该防护性材料提高保洁效果"，是当年治理小广告的重要手段之一，覆盖范围甚至包括了街边各种箱体、牌匾、园林绿化花架花钵、雕塑、座椅等。物以类聚，在此之后又相继出现专防小广告的"壁纸""铁布衫""疙瘩衣"，真可谓应有尽有，无奇不有。

尽管"没有受累的不是，没有花钱的不是"，但现在想起来让人有些头大的开支确实不是散碎银两，仅以专用涂料为例，据说"一升可以涂刷10到20平方米左右，对外报价每平方米400元，使用寿命为3到5年"。读罢相关报道，心中隐隐作痛，既心疼人，也心疼钱，大好年景有这等执着的人，这等敞亮的钱，这等绝佳的精气神，没有非法小广告生事，干点什么不好。

很喜欢看有具体数据的报道，因为数据有助了解"盐为什么咸，醋为什么酸"，有助掌控手头这点钱究竟能买多少盐，到底能打多少醋。然而，细细一想糊涂了，虽说"一纸缠"要了我们的短，但"补短板"非要如此大费周章吗？

400公斤压力水枪用来清除小广告   供阳 /CFP

2006 年 5 月 9 日《竞报》刊登了记者胡志斌采写的报道，告知在昨天上午召开的"北京市环境秩序建设工作会"上，市政法委秘书长、首都综治办副主任、市 2008 环境建设指挥部办公室副主任李万钧正式宣布：

"启动包括非法小广告、黑车等四项城市'顽症痼疾'的专项治理工作。按照规划排查结果，本市五环路以内 134 个小广告'重灾区'，将采取'竞标小广告清洁队'的办法进行治理。市政管委负责制定全市清扫作业规范和标准，监督指导各区县发放书面保洁责任区域告知书，引入市场竞争机制，完善市、区、街三级配套保洁作业体系，建立和完善市主要大街小广告专业保洁清除队伍，并在基层积极开展非法小广告整治工作。"

应该说这是首度提及"治理小广告专业保洁"。谈到专业就离不开"专业技术"，此篇报道的压题照片如上，据说这台具有 400 公斤压力的水枪就是当年清理小广告的重型装备，有点像洗车房的喷枪，只不过不用固定连接自来水管。

会拍的不如会看的。透过当年老剪报，先是感觉自家手里的家伙一般般，再是感觉对方使用的胶水一般般，双方要能保留彼时状，后话也可能没那么多……

蒸汽清除小广告

拍摄时间： 7月25日

拍摄地点： 八角西街

拍客姓名： 李文明

拍客手记： 7月25日，在北京石景山区八角西街出现一款新型"城市污迹清除机"，它是通过燃气将水预热并产生出蒸汽的方法清除街头小广告，效果显著，使用小巧灵活，适用都市小空间死角的清理，是节能、环保、省人力的新型清洁设备，该设备现正在石景山环卫中心道路清扫队工作中投入试用阶段。

刚刚转过年来，2007年7月27日《竞报》刊登李文明的街拍，告知一款新型"城市污迹清除机"问世，该机通过燃气将水预热并产生出蒸汽的方法清除街头小广告，效果好生显著。

煤气罐烧水　通过管子传输热气

蒸汽清理小广告

魔高一尺，道高一丈。2008年3月28日《法制晚报》记者李子君披露，历时5年，马从阳研发的蒸汽清洗设备终获成功，他希望这一技术有效清理各种城市小广告。给有心人点个赞！

小广告　一喷除

昨天，7台新型小广告清除机在西城区投入使用。这种喷涂式清洁装置具有灵活快捷、不受气候影响、可在雨雪天作业等特点，清除一个小广告只需2.5秒。　　　本报记者　戴冰摄

　　2008年1月18日《北京日报》刊登记者戴冰的图片报道《小广告一喷除》，告知新型小广告清除机投入使用，这种喷涂式清洁装置灵活快捷，不受气候影响，清除一个小广告只需25秒。

进口清洁机专治"牛皮癣"

清除胶贴小广告，只需要5秒钟；清洗地上口香糖，只需8秒钟；清洗油污，只需6秒钟……昨天，一种从法国引进的智能城市清洁机在王府井大街上岗。该清洁机清洗1平方米的地面只需要0.1升水。　　郑娜娜/文　张传东/摄J058

　　百尺竿头更进一步。2008年6月12日《北京晚报》刊登郑娜娜、张传东的报道，告知从法国引进的智能城市清洁机很给力，清除小广告只需5秒钟，1平方米地面只需0.1升水。

五色土　wbjyzk@126.com
40 教育　北京晚报

奇思妙想　栏目主持：李莉

便捷冲刷机　专克小广告

制作人：
昌平二中高二王雅旭、康平、张烨

在我们身边，有"城市牛皮癣"之称的小广告到处可见，它们污染了城市环境，影响了市容，但清理起来却很麻烦。昌平二中的王雅旭、康平、张烨三名同学发现，现在处理小广告大多使用卡车，上面载有大功率柴油机驱动的高压水泵，效果虽然不错，但柴油机会产生污染，且对于胡同及天桥等狭小地区，卡车又不便驶入，显得力不从心，能不能设计一种轻便好用的冲刷机来清理小广告呢？在尚章华老师的辅导下，他们运用所学的物理等知识，设计了一种便捷手推"小型广告冲刷机"，这个小型的机器可以代替大型高压冲刷水车进入胡同和天桥等地方作业，从而结束了胡同内和天桥上小广告需要用原始手铲方法清除的历史。

我们的发现　　　我们的实验　　　我们的验证

由于小广告太过招人烦、招人恨，所以使得一些原本不相干的人也怒火中烧拔刀相助。2012 年 3 月 15 日《北京晚报》刊登了记者蔡文清采写的《便捷冲刷机　专克小广告》。不看不知道，一看跳老高，原来发明人竟是些中学生。

由于城市"牛皮癣"到处可见，污染了城市环境，影响了市容，而且清理起来也很麻烦，昌平二中的王雅旭、康平、张烨三名同学发现，现在处理小广告大多使用卡车，上面载有大功率柴油机驱动的高压水泵，效果虽然不错，但是柴油机会产生污染，且对于胡同及天桥等狭小地区卡车又不便驶入，显得力不从心。能不能设计一个轻便好用的冲刷机来清理小广告呢？在尚章华老师辅导下，他们运用所学物理等知识，设计了一种便捷手推"小型广告冲刷机"，从而结束了胡同内和天桥上小广告需要用原始手铲方法清除的历史。据说这一作品的验证试验很不错，使用范围也广，总之，小广告又多了个年轻的克星。

读罢老剪报，不由得又想了许多，比如研制这样一台机器要花费多少人财物力，比如各式各样的机器前后总共生产了多少台，比如倘若早有可供互动的"大数据"，有益的重复和无序的重叠又会有怎样的整合……

凸显管理尴尬 整治尚待良方

小广告清除机展会很抢眼

本报记者 王东亮

昨天，十种小广告清除设备在全国农展馆举办的"2014北京国际环保、环卫与市政清洗设备设施展览会"上亮相。与以往多是机动车不同，由三轮车负载、能钻小巷串胡同的便携式小广告清洁设备此次"很抢戏"。不过，业内人士表示，这凸显了城市管理的尴尬——小广告已几乎蔓延到了城市的每个角落。

"咱这车小、灵活，大型车辆进不去的胡同小巷都能进去，清除程度丝毫不差。"见记者走近这个被不锈钢包裹的小三轮车，来自山东的厂商代表杨安旗按下身旁蒸汽清洗车的按钮，气泵的喧嚣声顿时充斥耳边。"声音是大了点儿，但够劲儿。"他扯着嗓子喊道。

启动热机一分钟后，杨安旗手中连接车体的蒸汽钢丝刷便吐出一团白雾。他握住杆把向一块喷有油漆的石材刷来刷去。78秒后，绿油漆便不见了踪影，石材清洗如新。

"对付粘纸小广告也很容易。"展览会举办方特意准备了一个粘满小广告的铁皮板，杨安旗操起家什上前，

北京日报

前面的设问其实也问得多余，谁让"学中干，干中学"历来是实践出真知的基础科目。下面这篇剪报另有新视角。文章刊登在2014年4月15日《北京日报》，记者王东亮、孙茂采写的《小广告清除机展会很抢眼》，既讲述了台前诸多亮点，也表露了台下诸多缺憾，而副题"凸显管理尴尬，整治尚待良方"，则完整道出了个中曲折。文章说道：

"昨天，十种小广告清除设备在全国农展馆举办的'2014北京国际环保环卫与市政清洗设备设施展览会'上亮相。与以往多是机动车不同，由三轮车负载、能钻小巷串胡同的便携式小广告清洁设备此次很'抢戏'。展会门口空地处，记者看到，一块区域被单独开辟出来，专门作为'小广告清洗技术演示区'，参展厂商携带各种设备上阵比拼，各显神通。"

尽管场面很是热闹，但业内人士却流露出"内心的忧烦"，因为如此这般的神通，其实也凸显了城市管理的尴尬，因为"小广告几乎蔓延到城市每个角落"。痛定思痛，倘若城市管理也有"倒回键"，不妨将小广告的蔓延路径做些回放，细细了解起初的"一是一、二是二"，为什么很快就飙升跳到"一五一十、十五二十"……

如果没有说错，在应对小广告的技防中，第一波是水攻、汽攻，大概是攻着攻着突然又遇到新的幺蛾子，于是兵来将挡、水来土掩，且很快卡位成功。应该讲此大招非同凡响，手笔大、格局大，换了一般人绝对想也想不到。

2007年3月27日《竞报》刊登记者钱昊安采写的整版报道《〈各类市政设施防护性涂刷规范（试行）〉昨出台，防小广告涂料市政设施都刷》，文章告知："从今天开始到年底以前，本市五环内市政设施3米以下部分，都将穿上小广告'防护衣'。据了解，通过推广高科技防护性材料提高保洁效果，是今年小广告治理的重要手段之一。《规范》要求，以摸高3米为标准，3米以下的市政设施均应粉刷防护性涂料。除常易被各种小广告'侵占'的各种箱体、牌匾、立交桥等设施外，园林绿化类的花架花钵、雕塑、街头座椅等也被纳入了粉刷范围。"

之所以称之大手笔、大格局，是因为此举实施过程要有"大把钱"垫底。根据材料生产商介绍，"不同的表面，该材料一升可以涂刷10到20平方米左右，对外报价每平方米400元，正常使用寿命为3年到5年"。由于自幼算术不好，所以偌大的"五环内"涂遍全部是非地需要多少银两真的不得而知……

在水滋、汽喷、刷涂料等技防之后，与小广告的缠斗中又派生出颇具武功色彩的全新技能，据说好生了得。2012 年 5 月 3 日《北京晚报》用整版篇幅刊登了记者孙毅采写的《"铁布衫"对付小广告》，其中说道：

"小广告被称为'城市牛皮癣'，对小广告的治理，几乎成为中国每个城市的难题。就像野草一样，总无法彻底清除，即使能短期治理，也会在一夜之间卷土重来。不过，朝阳区八里庄街道却找到了治理的新方法，让'牛皮癣'退避三舍。"

"'铁布衫'功夫共四招，板网防护法、拉毛涂料法、墙体裙边粉饰法、疏堵结合法。办事处主任介绍，小广告一般分为粘贴式、涂写式、喷绘式、印章式 4 种，通常的处理方式主要有人工铲除（仅此项八里庄铲小广告每年要耗 15 万元）、涂刷防粘表层和高压水枪冲刷，这些方式费时费力成本高，效果也难持久。2011 年，街道发明了'板网防护法'，为主干道两侧 670 多根电线杆、50 多处配电箱和 1 处过街天桥扶手安装了防护网，使小广告无法附着。"

上述手段令人折服，甚至穷尽当年城市管理的聪明才智。然而细细一想糊涂了，虽说"一纸缠"要了我们的短，但"补短板"非要如此大费周章吗？

路灯杆"穿衣"防小广告

本报讯（记者 史祎）这几天，崇文门至雍和宫大街沿线的1102处路灯杆和小型配电箱开始"穿衣"，工作人员用一种新材料的防小广告贴纸，将易被小广告覆盖的公共服务设施覆盖，或是在交通标志牌上喷上一层涂层，使小广告易揭、易擦。

昨天，工作人员正在为东四南大街沿线的路灯杆包裹贴纸。记者看到，贴纸为和灯杆一样的灰色，表面有明显的颗粒。据东城区城管委相关负责人介绍，这种防小广告贴纸是利用有机硅的原理，在施工部件表层形成隔离效果，使黏胶和涂鸦无法渗透，从而形成了防涂抗粘的效果。

"长期以来我们使用喷枪和小铲清除小广告，时间长了，容易破坏这些公共服务设施的表面，一些交通志牌上有反光涂层，长期高压喷水和铁铲摩擦容易把涂层也去掉，于是我们找到了这种新技术来解决小广告的问题。"工作人员用一张贴纸演示说，"贴上的小广告轻轻一揭就掉了，对于喷涂的小广告，我们用一种配套技术，喷上特制的药水，用布轻轻一擦就掉了。"

据了解，这种新技术分为贴纸和喷漆涂层，对于路灯杆和小型配电箱用贴纸，对□□□□□了生□□□□了解，此□□□□□产，此□效果好，将在全区重点大街推广。

北京青年报

■摄影/张传东

■工作人员用一种新材料的防小广告贴纸把路灯杆包裹起来

看来，在当年，囿于某些部门"作为滞后"，权宜之计的"铁布衫"的确有普遍的刚性需求，从楼道到路边，从墙面到电线杆，你还真说不好谁该穿，谁不该穿。2012年7月16日《北京青年报》刊登了记者史祎采写、张传东摄影的《路灯杆"穿衣"防小广告》，其中说道：

"这几天，崇文门至雍和宫大街沿线的1102处路灯杆和小型配电箱开始'穿衣'，工作人员用一种新材料的防小广告贴纸，将易被小广告覆盖的公共服务设施覆盖，或是在交通标志牌上喷上一层涂层，使小广告易揭易擦。记者看到，贴纸为和灯杆一样的灰色，表面有明显的颗粒。据东城区城管委相关负责人介绍，这种防小广告贴纸是利用有机硅的原理，在施工部件表层形成隔离效果，使黏胶和涂鸦无法渗透，从而形成了防涂抗粘的效果。据工作人员讲，贴的小广告一揭就掉，喷涂的小广告，喷上特殊的药水，用布轻轻一擦就掉了。"

文章说，这种新技术分为贴纸和喷漆涂层，"今年已经实现了国内生产"。读罢心中隐隐作痛，既心疼人，也心疼钱，大好年景，有这等执着的人，有这等敞亮的钱，没有非法小广告生事，干点什么不好……

一口气吹掉 "牛皮癣"

昨日下午，4号线马家堡站C口，工作人员朝粘在车站外立面的"小广告"吹一口气，这些平时用人工铲除和刷洗都难以清理的"牛皮癣"就轻易脱落了。京港地铁表示，对"小广告"污染情况较严重的人民大学站、公益西桥站、马家堡站、动物园站地面亭外立面，近日喷涂了新型防涂鸦涂料，在钢结构表面形成保护膜，这种涂料的功效"保质"约1年。 新京报记者 薛珺 汤旸 摄影报道

    2012年6月26日《新京报》刊登记者薛珺、汤旸拍摄的《一口气吹掉"牛皮癣"》，告知4号线马家堡站喷涂了新型防涂鸦涂料，吹一口气，平时难以清理的"牛皮癣"就轻易脱落。

山水变电箱
广告难近身

    前日，南北河沿大街，整条大街上多座变电箱粘贴上了中国传统山水画图案，吸引许多过往路人驻足观看。

    据了解，该变电箱所用的粘贴涂料采用防涂防粘技术，普通粘贴式的街头"小广告"难以上身，从而可以有效减少"小广告"的粘贴数量。

崔楠 摄

    2012年11月24日《新京报》刊登了读者崔楠拍摄的《山水变电箱，广告难近身》，据了解，变电箱所用的粘贴涂料采用防涂防粘技术，普通粘贴式的街头"小广告"难以上身。

此前谈及的小广告清除神器，大多用于街道和市政设施，居民楼楼道能否派上用场似乎是个未知数。其实不然，早在2008年2月29日，《北京青年报》就刊登了记者陈凯一采写的《楼道贴上防小广告壁纸》，其中说道：

"记者从北京市'2008环境建设指挥部'获悉，一种'防小广告'的装饰壁纸正在被多个小区的楼道改造使用。这种壁纸不仅本身具有奥运、文化等不同主题，还具有让小广告粘不上的特殊功能。据悉，这种防小广告的壁纸有望在全市老旧小区楼道内推广使用。作为'旧楼门新大堂'活动的试点，宣武区广内街道已经率先启动了旧楼楼道改造工程。为还给市民一个明亮、文化感强的大堂，街道出资请来设计人员，按照不同的主题对各个楼门进行了改造。装饰壁纸铺了一层隐形玻璃胶，被贴或被涂画了小广告，轻轻用手一揭一擦，就能清理干净。'新大堂'工作连同防小广告壁纸，将有望在试点基础上全市推广。"

上述举措留有很大的想象空间，也许一时跳不出固有的思维模式，难道小广告真的把我们逼得山穷水尽非此不可了吗？难道"亡羊补牢"的旧常态真的难以进化到"补牢莫在亡羊后"的新常态？

虽然"幸福感"是近年出现的热词，但全心全意为居民"谋幸福"却是街道工作的不变宗旨。附着在居民楼里的"牛皮癣"，不仅无时无刻不在给住户添堵，同时也同样让街道工作者心中不畅，脸上无光。

还是前面讲过的"铁布衫"发源地朝阳区八里庄街道，想群众所想，急群众所急，在"铁布衫"之外又有所发现，有所发明。2012年4月26日《新京报》刊登记者王卡拉、实习生李禹潼采写的图文报道，其中说道：

"八里庄街道一直以来都是小广告泛滥的'重灾区'。辖区内半数以上的居民楼建于上世纪60年代，条件所限，很多老旧居民楼没有门禁，给小广告张贴者提供了便利。经过研究，街道在铲净居民楼墙壁的原有墙皮后，把本该上墙的白泥子换成特殊材料，最后再刷一层涂料美化墙壁。这种方法与'铁布衫'有异曲同工之妙。不定期清理小广告，并粉刷楼道墙壁，每年花费15万元，给楼道墙壁刷'疙瘩衣'每年花费10万元。"

很喜欢看有具体数据的报道，因为数据有助了解"盐为什么咸，醋为什么酸"，因为数据有助掌控手头这点钱究竟能买多少盐，到底能打多少醋……

人 防

兵来将挡起硝烟

RENFANG

BINGLAIJIANGDANG QI XIAOYAN

与非法小广告的缠斗中，人力大军分为专业与非专业两种，前者归属有关部门，后者无组织，有纪律，一切全凭"三观"。

做事离不开人，只要动人，随后的"人吃马喂"就是一笔好大的开销，仅以北京西城为例，2013年专项投入1300万，按清理了大约1900万张小广告计算，每清理一张小广告成本约为0.68元。再以"原始工具"小铁铲上的刀片为例，平均每个作业人员每天至少要清理200张以上，平均每人一天用两个刀片，230个人一年就超过10万片，加起来的重量超过了1吨。

在围剿小广告的编年史里，"2008年5月6日"是城市管理应该记住的好日子，这一天，两位事业有成的"撕爷"金榜题名，上榜理由不是撕了多少张小广告，而是京城首推举报小广告奖励机制。

和上述"获奖人士"比起来，默默无闻的老人家更在多数，只是这样的好人越多，好事越多，我等困惑也越多，毕竟老人家的天职是颐养天年。

2011年起，群众自发阻止散发小广告被打事件渐渐多起来，2013年"环卫工清理小广告遭闷棍袭击"引起众怒。为此《人民日报》设问《猖獗小广告让谁脸红》，简述原委之后，记者所言触到了此项治理工作的软肋——"不同区域的小广告由分管单位管理，比如电力设施、给排水和河道设施、市政设施、居民小区楼道、交通设施等地方由电力、水务、市政公路、国土房管、公安交管部门分别负责。这种多头管理增加了惩处的难度"。

如果没有记错，此论是最早谈及"九龙治水"弊端的党媒所言，倘若13个部门按照报章提示早有"深阅读"，后续情况或有改观……

2008.5.6/星期二
主编/杜防 执行人/任国伟 编辑/冯爱洪 排版/黑景波 校对/杨洋

法制·焦点 A13

海淀区政府拨的 30 万专款已到位　　城管大队一上午接咨询电话 18 个　　本报详解实施办法

举报小广告 两位大爷首获奖

本报讯（记者洪雪）海淀区实施对举报小广告奖励办法的第一天就发出了首份奖励。

60 岁的王辉和 54 岁的王军志今天一早就来到北下关和花园路分队，送去了近 200 张小广告，这两位大爷也幸运地成为奖励办法实施后，举报小广告的第一名。

据统计，截止到上午 11 点，海淀城管大队共接到 18 个电话，其中大部分为咨询电话。

"我是来举报小广告的"，今早刚刚 8 点，54 岁的王军志就推开了花园路分队的大门，手里拿着一叠小广告。据王大爷讲，今早 5 点他出去遛弯，在自行车筐里发现了售房的小广告。王大爷想起昨天法晚刊登的奖励举报小广告的办法，因此一早就将小广告送到了花园路分队。

无独有偶，家住交大的 60 岁的王辉大爷 8 点来到北下关分队，将一早从社区撕下的租房广告交给城管队员。"他经常给城管队送小广告来，是个热心人，在社区里都知道他。"北下关分队的队员说。

"我不为别的，主要是小广告太讨厌。"王辉大爷说。

经清点，王辉大爷和王军志大爷分别交来了 58 张和 120 张小广告。

按照办法规定，交上一张散发的小广告奖励 5 分钱，7 天后，两人分别获得 29 元和 6 元的奖金。

据了解，举报的奖金由海淀区政府按专款实行，目前 30 万元的资金已经到位。张主任表示，如效果不错，海淀区政府将追加投入资金。

城管队员在为王军志大爷计算上交的小广告张数　摄/记者杨威

市民举报8类行为的奖励标准

1.将散发的小广告退交的，每张奖 5 分钱

2.将张贴的小广告撕下退交的，每张奖 1 角钱

3.举报并协助抓获违法人员的，奖 500 元

4.将正在张贴的违法人员扭送的，奖 1000 元

5.对持证有刷章以外的举报广告违法人员，每控制成移交 1 名，奖 100 元

6.举报擅自组织张贴小广告的，奖励 100 元至 500 元

7.举报非法小广告窝点的，奖 500 元至 1000 元

8.举报制造和印刷小广告窝点的，奖励 1000 元至 2000 元

权威拍答

清除广告拍片留证
一定交代周围环境

收集起来拿到城管队员固守。

FW: 如果撕下来的小广告残胶不全，能否给一角钱一张的奖励？

张: 小广告在撕的时候就难免被……

很难保持一亭大小，怎么办？

张: 市民用铲子等将小广告撕下来时，可以用数码相机或者摄像机留存证据，交给城管员，以备核实。

报材料吗？

张: 我们要求，如果当天中午前收到材料，可以当天将材料上报。如果市民举报的时间在下午……

　　其实，抗击小广告的"人防"与"技防"大体同步，从哪年哪月开始的不清楚，但各人有各人的手法，各处有各处的能耐，为了充分调动群众的积极性，有些地方还专门建立了奖励机制。

　　在围剿小广告的编年史里，"2008 年 5 月 6 日"是"城事"应该记住的好日子，这天，两位事业有成的"撕爷"榜上有名，对此《法制晚报》刊登了记者洪雪采写的新闻报道，其中说道：

　　"'我是来举报小广告的'。今早 8 点，54 岁的王军志就推开了花园路分队的大门，手里拿着一叠小广告。今早 5 点他出去遛弯，在自行车筐里发现了小广告，王大爷想起昨天法晚刊登的奖励举报小广告的办法，一早将小广告送到花园路分队。无独有偶，60 岁的王辉大爷 8 点来到北下关分队，将撕下的小广告交给城管队员。经清点，王辉大爷和王军志大爷分别交来 58 张和 120 张小广告。按规定，交上一张小广告将奖励 5 分钱，两人将分别获得 29 元和 6 元的奖金。"

　　据了解，海淀城管大队举报小广告的奖励办法在北京属于首家。奖金由区政府拨专款，目前 30 万元的资金已经到位……

一纸缠 ——"老剪报"杠上小广告

新京报
2011年12月17日·星期六

特别报道 A11

厚德北京人

感动社区
人物评选
2011
第 16 期

【话厚德】

对北京，我有感情，撕小广告是追求大的事，我国北京有个好的城市环境。

很多人问我，我撕了建么多年，小广告也没见少，为什么还要坚持，但我总想，多撕一张，环境就好一点，此少一个人上当受骗的可能。

不知不觉，我撕不觉的已经二十年了，这事不上坚持，都已习惯了，就停不下来。

——赵鹏

【感人榜】
赵鹏
年龄：66 岁
社区：六里屯

【德行录】
退休那年，赵鹏发现路边的小广告多了起来，并在接下来几年蔓延成城市"牛皮癣"。对北京感情深厚的赵鹏看到小广告就"忍不住给拽下来"，到后来，清除小广告就成了习惯。20 年来，赵鹏清除的小广告有十几万张，上交给城管部门的电话号码有上万个，被人称为"小广告斗士"。

停不下来的"小广告斗士"

20年来清除的小广告有十几万张，上交给城管部门的电话号码有上万个

近日，赵鹏在延静里公交车站旁，义务清理非法小广告。二十年来，她每天如此。

日常生活中，人们"老头老太太"说顺了嘴，其实在不少方面，"老太太"比老头更执着、更厉害，更有耐心。2011 年 12 月 17 日《新京报》刊登了记者卢美慧、杨杰采写的整版报道《停不下来的"小广告斗士"》，讲的就是一位与小广告无论如何也过不去的老太太，其中说道：

"退休那年赵鹏发现路边小广告多了起来，并在接下来几年蔓延成城市'牛皮癣'，对北京感情深厚的赵鹏看到小广告就'忍不住给拽下来'，到后来清除小广告就成了习惯。20 年来，赵鹏清除的小广告有十几万张，上交给城管部门的电话号码有上万个，被称为'小广告斗士'。网友问：'揭小广告其实就是断人财路，被人发现怎么办？'赵鹏回答：'有人尾随，我就假装系鞋带或者捡垃圾，甩不掉，就跟路人大声说话。'老伴问：'天天清除但小广告也不见少，想没想过停下来？'赵鹏回答'这些年下来，每天出门清除小广告已经成为习惯，一边清除一边健身挺好的。'"

多好的老人家，过后出现的"朝阳大妈"其实也不过如此。只是这样的好人越多，读报人的心里越会瞎想，"佘太君亲征"固然是出好戏，但本该前置、前行的关卡与众将都跑哪儿去了呢……

北京晚报 2015-07-27 周一
责编／杨 滨
设计／耿 争 校对／黑忠刚

23 老有所依

40后大爷大妈"救活"一栋老楼

按完门禁，打开式样老旧却整洁干净的防盗门，走进芳星园三区32号楼的单元门，虽然白墙已经有了岁月涂上的淡淡黄色，却看不到一张小广告。老式过道贯通整个楼的东西方向，一眼望去，除了一辆靠边摆放的轮椅外，一点儿杂物都没有……

这样的场景出现在一幢已经入住26年而且没有物业公司管理的老楼，是不是有点儿难以置信？而让32号楼"永葆青春"的，竟然是一些年过七旬的"楼管家"们。

缘由

"没娘的孩子"逼出"楼管家"

32号楼是一栋宿舍楼，6个单元门，住了167户共有600多人。1989年开始入住时，一共搬进了北京吉普汽车有限公司、汽车工业公司、新闻出版署等7个单位的职工，其中有4个单元是北京吉普汽车有限公司的职工宿舍。以前每年的物业费都由这7家单位出资委托物业管理。

随着企业重组，32号楼成了"没娘的孩子"，所谓的物业换了好几茬。"说是物业管理，其实每当我就只有一个人值班了，"王培荣说，"也就帮忙养养应急的事儿，比如换换楼道的灯泡、修修水龙头等。"日子长了，大家发现，楼里的事情不仅仅是修修管道、换换灯泡，还有很多楼里楼外、家长里短的事儿呢，这些都指望不上物业。

于是居民们自发组织起来，开始"自管"，正式成立了楼管委，居民们选出王培荣、徐淑荣、韩秀英、许兰芝等7位居民当起了"楼管家"。十几年过去了，这些一分钱不拿的"楼管家"们还有4位坚持在岗位上，其余3位因为年龄、身体等原因相继离世。

而在"楼管家"和周民们的努力下，32号楼成了"立体"四合院"，居住环境安全整洁了，居民们有了活动场地还组建了合唱队。

行动

制图 耿争 H246

　　不仅居家"家有一老，如有一宝"，社区也如是。然而，以往只听过老人家或"老人家们"如何造福小环境，但2015年7月27日《北京晚报》记者孙颖却告知《40后大爷大妈"救活"一栋老楼》，故事大致如下：

　　按完门禁，打开式样老旧却整洁干净的防盗门，走进芳星园三区32楼，虽然白墙已经有了岁月涂上的淡淡黄色，却看不到一张小广告。这样的场景出现在一幢已经入住26年而且没有物业公司管理的老楼。让32号楼永葆青春的，竟然是一些年过七旬的"楼管家"们。

　　楼道遍布小广告、垃圾遍地、边角处甚至还有人拉屎撒尿……这些问题曾经也困扰着32号楼的居民。"楼管家"徐淑荣，今年70岁，15年前，55岁的她就开始琢磨着给楼门口安装门禁。当时也有居民不同意安装的，有的说自管会多事，还有的怕门禁安上以后坏了没人管。

　　"有我活着，保证管好！"徐淑荣在大会上拍着胸脯保证。12年过去了，居民们已经习惯了这道"铁将军"，也防住了到处粘贴的"牛皮癣"和上门推销的行为，给楼里带来了安全、宁静、整洁的居住环境……

北京晚报景一鸣记者对小广告的关注非同寻常，本书多有收录，本人也受益多多。2016年6月1日该报又刊登他采写的《跟她做邻居心里踏实》，文章讲述的是一位"不让小广告在楼里过夜"的77岁退休教师。其中说道：

"记者见到陈淑英时，她正忙着逐层检查是否存在安全隐患。同时还要寻找有没有乱贴的小广告。除了揣着纸笔随时记录发现的问题外，长杆铲子、夹子、刷子、白油漆成了陈淑英巡查时的'标配'。2007年楼里的小广告多了起来，邻居们有意见，她也挺着急的，'我就横下心来，虽然抓不到贴小广告的人，但只要你贴我就铲'。陈淑英的辛苦邻居们都看在了眼里，也开始'自扫门前雪'，跟记者说起小广告的事都挺自豪，'我们这老居民楼一张小广告也没有，够意思吧?'"

据介绍，不管是发小广告的还是贴小广告的，现在都对安贞西里25号楼望而却步了。讲心里话，着实够意思，够本事！面对于此，虽然不很赞成将治理小广告的责任"下放""摊派"到寻常百姓头上，但如此执着，如此了得，仅就77岁老人家的义举而言，就让我等27、37、47、57的后生晚辈，或汗颜，或沉思，或奋起，总之，一时找不到能为自身不足开脱的理由……

李高峰与妻子住在一间十来平米的房子里。

在有些人眼里，"外地人"跑北京来纯粹是添乱的，其实不然。不信就不妨做个小问卷：小广告如何可恶、如何风魔喊了许多年，想想自己平日里撕过几张小广告，结论不言自明。

2013 年 12 月 3 日《新京报》刊登记者王万春采写的报道，讲的是一位外地来京务工人员义不容辞、无怨无悔《刮小广告管闲事 13 年换 20 把锁》。13 年是个什么概念，20 把锁又是什么概念，只有将心比心，答案才会沉甸甸。

文章写道："'李高峰不是个好男人'，这是他妻子毛红侠的原话。按照她的理解，别的男人干顶天立地的事情，挣钱养家，但在北京的 13 个年头里，李高峰偏离了出行目标，在八里庄街道清理河道、捡垃圾、巡逻、抓小偷、清除小广告……他也曾遭人指责，也被妻子埋怨，也曾试图放弃，但在这条公益志愿者的路上跟他一样的同行者，鼓励着他继续前行。"

老话有句"守着勤的没懒的"，新词有说"人是环境的产物"，不知您发现没有，这位不拿自己当外人的老李，其工作单位就是之前曾隆重介绍过的"八里庄街道"，由此想开去，老掉牙的"孟母三迁"好像又有了时代新解……

"撕友"相约共撕小广告

一场由北京"小青年儿"在网上发起的活动开始在街头流行起来——小广告"随手撕"。目前,这些原本并不认识的"撕友"第一次聚集在一起,集中清理小广告。

这次更是用上了专业的设备,喷壶、平铲和钢刷。

"他在前面贴,我在后面撕"
下班回家的路上,是滕飞等人撕广告的主场地。然而下班时分,也正是贴小广告的人忙活的时

"这就是咱们的家,不爱能怎么办?"
目前社会上清理小广告的主体是环卫工人,还有就是少数的志愿者。在看到滕飞他们的行为后,有一部分人表示起不到什么作用,但也有大部分表示支持,他们觉得确实撕一张就少一张,主

北京青年报

之前戏称的"撕爷"是我杜撰的,而这篇报道谈及的"撕友"则是媒体对某些人的尊称,如同票友、麻友、酒友、车友。"撕"是彼此的肢体语言,"撕"是共同的兴趣爱好。2013年7月28日《北京青年报》刊登了记者匡小颖、郝羿采写的《"撕友"相约共撕小广告》,其中说道:

"昨天上午9点半,8名来自不同行业的年轻人手里拿着小喷壶、平铲、钢刷,从刘家窑地铁站出发,沿着蒲黄榆路向北行进,目的就是清理路边小广告。有些刚刚贴上没多久的房屋出租类的广告,一撕就能撕掉,但是有些小广告贴到电线杆上比较高的地方,摘下它们确实让这些年轻人费了好一番劲,弹跳比较好的男士甚至跳了四五下才够着这些小广告。"

文章同时告知,"目前社会上清理小广告的主体是环卫工人,还有就是少数的志愿者。在看到滕飞他们的行为后,有一部分人表示起不到什么作用,但也有大部分表示支持,觉得确实撕一张就少一张"。

之初,之后,我的读后感只有一句,即"相关部门的工作人员是否也有志愿者"?不是和谁过不去,不吃梨子,据说很难准确说出梨子的味道……

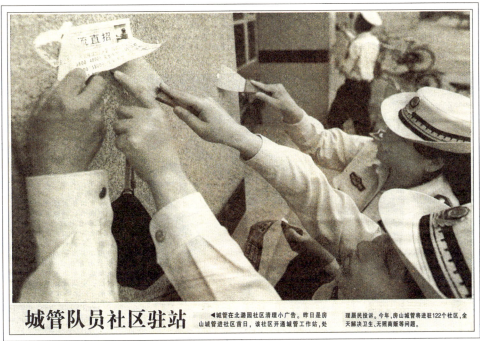

城管队员社区驻站　◀城管在北潞园社区清理小广告。昨日是房山城管进社区首日，该社区开通城管工作站，处理居民投诉。今年，房山城管将进驻122个社区，全天解决卫生、无照商贩等问题。

　　前图设问"相关部门有无业余撕友"，本图昭示"工作时间到此一撕"。全书报摘，只有本页所示做了模糊处理，盖因"撕相"太不专业，盖因"瓜田李下"还要有点"媒介素养"……

10人打扫小片干净路面

当事单位 ██ 行政执法支队 否认为拍照而劳动

　　无独有偶。一张"10人打扫小片干净路面"的新闻图片引发网友围观，有人质疑"装样子"，而相关人员则否认"摆拍"。是耶非耶无从扯起，但非法小广告"从不装样子"却值得反观……

"老百姓"的特征很多，其中绝对少不了"爱算计"。所以，对应的"人生哲学"有"吃不穷，花不穷，算计不周就是穷"的实践出真知。讲心里话，我厌恶小广告的理由虽然不少，但集中起来就两条，一是"乱眼乱心乱天下"，二是"执意和纳税人过不去"，前者危害不多讲，后者遭殃谁人知。

北京有多少小广告亟待清理不得而知，但一张清理费大概花多少钱却算得出来，而且具体价位还有零有整。2014 年 2 月 25 日《北京晚报》刊登了记者叶晓彦采写的整版报道《一张小广告清理成本六毛八》，其中说道：

"西城区专项清理小广告投入了 1300 万，这笔钱是怎么花的呢？据区市政市容委一位负责人介绍，去年一年总共清理小广告约 1900 万张，平均每个作业人员每天至少要清理 200 张以上，按照最简单的计算方法，用 1300 万元除以 1900 万张，每清理一张小广告成本约为 0.68 元。以小铁铲上的刀片为例，平均每人一天用两个刀片，230 个人一年超过 10 万片，加起来的重量超过了 1 吨。"

在小广告寻求治本之策的过程中，上述阿拉伯数字，有些是"大数据"，有些是"小数点"，各有各的说道，有时候甚至尺有所短，寸有所长……

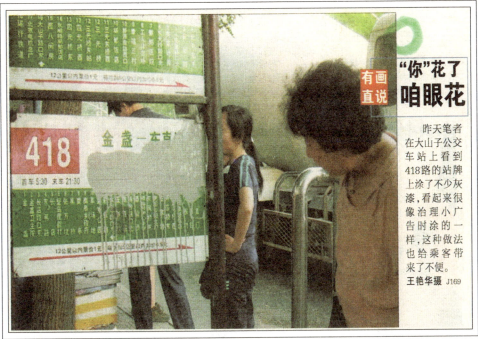

"你"花了
咱眼花

有画
直说

昨天笔者在大山子公交车站上看到418路的站牌上涂了不少灰漆，看起来很像治理小广告时涂的一样，这种做法也给乘客带来了不便。

王艳华摄 J169

有些成本好算，有些成本不好算。2007年7月24日《北京晚报》王艳华提供的图片告知某公交站牌涂了不少灰漆，像是治理小广告时涂的，这样的状况肯定"六毛八"兜不住了。

清洁工遮盖小广告　伤了文物
市市政市容委称目前环卫清扫作业对于路边文物保护尚缺规定

2013年11月5日《北京青年报》记者罗京运告知，两块康熙年间墓碑多出十余块黑污点，据说是治理小广告所遗留下来的痕迹。此种状况修复起来，估计1万个"六毛八"也兜不住了。

新京报

2011年4月29日 星期五

阻止发小广告 医院保安被刺5刀

已无生命危险；两女嫌疑人涉嫌寻衅滋事被刑拘

本报讯（记者易方兴 刘泽宁） 胸口、小腹、腰部、大腿、臀部……连续的五刀之后，年仅16岁的天坛医院保安小吕倒在了血泊里——这一幕发生在4月23日中午，刺伤小吕的是一名在医院住院部发小广告的女子。

昨天上午，天坛医院称，目前小吕已无生命危险。

警方表示，两犯罪嫌疑人已因涉嫌寻衅滋事罪被刑拘。

刀伤离心脏只有几厘米

4月23日10时许，像往常一样，小吕在天坛医院内巡逻。

小吕回忆称，当走到病房楼北门时，他看到"两个发小广告的女人，用一把长约20厘米的水果刀，威胁另一个保安，并闯入病房楼。几分钟后，两名女子又返回到病房楼门口。于是，他走过去劝说她们离开，双方争执起来，并有肢体冲突。这时，一名站在他背后的女子持刀刺了他几下，当他回身时，又被扎了几下。随后，两名女子逃离。

"刀太锋利了，当看到地上的血，我才知道自己被插了。"小吕称，自己的前胸、腹部及腰部、大腿、臀部各中一

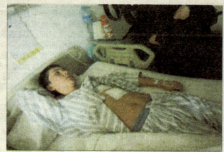

伤者躺在病床上。4月23日，天坛医院保安小吕在阻止散发小广告人员时，被扎5刀。 **本报记者 易方兴 摄**

　　文物再是珍贵也是物，与之相比，人世间最宝贵的肯定还是人。多少年来，在清理小广告的过程中，社会各界付出的其实远不只是人财物力，有心血，也有鲜血，说起来有些耸人听闻。

　　2011年4月29日《新京报》刊登了记者易方兴、刘泽宁采写的《阻止发小广告 医院保安被刺5刀》，其中说道："胸口、小腹、腰部、大腿、臀部，连续五刀之后，年仅16岁的天坛医院保安小吕倒在了血泊里，这一幕发生在4月23日中午，刺伤小吕的是一名在医院住院部发小广告的女子。医院称，目前小吕已无生命危险，两犯罪嫌疑人已因涉嫌寻衅滋事罪被刑拘。小吕受伤，缘于他阻止医院门口的流动人员发放'黑救护车'小广告，医院保安常遭到号贩子、小广告散布者威胁，一年发生十几次冲突。"

　　更让人气愤的是，事发之后行凶者居然还找上门来，提出用5000元私了，"否则没完"。视此不禁要问，这都是些什么人？胆敢常年盘踞于此胡作非为，就不怕警察？就不怕城管？就不怕监控？就不怕法网？接下来可能会有"二进宫""三进宫"，但"依法治国"四个字只认一个"法"字……

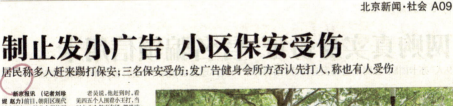

2013年8月3日 星期六 新京报

北京新闻·社会 A09

制止发小广告 小区保安受伤

居民称多人赶来踢打保安；三名保安受伤；发广告健身会所方否认先打人，称也有人受伤

新京报讯 （记者刘珍妮 赵力）前日，朝阳区现代城小区内，一健身会所的两男一女散发广告时被一名保安制止，双方发生推操冲突，随后多人先后加入。3名保安受伤。健身会所工作人员称，警方已将参与人员带走调查，他们也有3人受伤。

朝阳警方证实，10余名在小区内散发小广告的人员与保安发生纠纷，双方已决定协商解决。

事由
保安制止发广告引冲突

昨日下午，从医院回来的保安小王眼睛红肿、脖子上可见多条抓痕。

小王回忆，前日17时许，小区中心花园里，两男一女在散发健身广告。他上前制止，并伸手打算没收对方的小广告，"其中胖一点的男的推我，说我"多管闲事'"。

小王称，双方发生推

老吴说，他赶到时，看见四五个人围着小王打，当时七八个保安在场，都没动手，"我上去拉那个打小王的胖子，没想到又跑来一拨人，开始打我。"

多名目击业主称，至少有30名男子先后赶来，另一名劝架保安也被打伤。

业主石先生回忆，当时，"一位大爷喊'你们不能打人'，一名男子冲着大爷喊'你少管闲事'。打完保安后，一群人从小区南门逃走。随后警方赶到。"

物业经理朱先生称，事发后，他们调取监控录像发现，从小王被打到冲突结束，共约10分钟，先后有多人从小区东、西、南门跑来，加入踢打。录像已被警方拿走取证。

警方
双方已决定协商解决

据遗撒在现场的名片显示，广告来自于现代城小区外、金地广场后侧一家健身

昨日，现代城，保安讲述冲突的经过。前日，保安在制止发小广告时，与对方发生冲突。 新京报记者 尹亚飞 摄

如果前案仅为个案也就罢了，问题是此类状况屡见不鲜。我不是订报大户，而且仔细阅读也有限，所以，前前后后、里里外外曾经发生了哪些事也不尽知。然而，就在有限的范围里，时隔两年，又出现了类似事端。

2013年8月3日，《新京报》刊登记者刘珍妮、赵力采写的报道《制止发小广告 小区保安受伤》，其中说道：

"前日，朝阳区现代城小区内，一家健身会所的两男一女散发广告时被一名保安制止，双方发生推操冲突，随后多人先后加入。3名保安受伤。健身会所工作人员称，警方已将参与人员带走调查。小王回忆，前日17时许，小区中心花园里两男一女在散发健身广告，他上前制止，并打算没收小广告，一名男子掐住了他的脖子，女子则用拳头打他的脑袋，未等同事赶到，又跑过来2名男子，4个人将其按在一辆车旁，连踢带打，把身后边的车都打出一个坑。"

事发后小区议论纷纷，有业主称，每天家门口的地上都会被塞进很多小广告，而且经常还有图片淫秽的招嫖卡，小区物业则表示，"将尽快恢复大门门禁"。此话听来一怔，又不是老旧小区，为什么放着挺好的"门禁"不用呢……

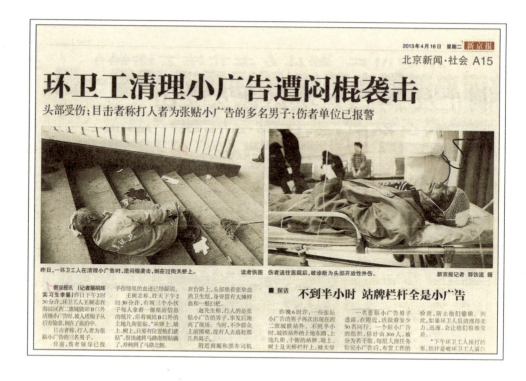

在此间已知的"小广告行凶案件"之中，发生在 2013 年 4 月 15 日"环卫工清理小广告遭闷棍袭击"一事最是引起众怒。次日，《新京报》刊登了记者展明辉、实习生李馨采写的专题报道，其中写道：

"昨日下午 2 时 30 分许，环卫工人王树志在西二旗城铁站 B 口外清理小广告时，被人用棍子从后方偷袭，倒在了血泊中。目击者称，打人者为张贴小广告的三名男子。附近商贩和黑车司机称，其中一名打人者事前曾辱骂过环卫工人，但环卫工人盯准了这伙人张贴的路线，一直在清理。'可能是贴小广告的人在报复。'一名商贩说，打倒环卫工人后，那几名贴小广告的男子还踹了几脚，解了气才离开。"

事发后伤者领导已报警，相关派出所也已介入调查。一名张贴小广告男子透露，一个贴小广告的组织估计有 300 多人，分为若干组，每组按任务贴完小广告后，布置工作的"上级领导"会不定时检查，防止偷懒。因此，环卫人员清理得卖力、迅速，会让他们很难交差。

说实在的，读完这篇报道多少有些不寒而栗。原以为"小广告"就是些无组织、无纪律的散兵游勇，不承想竟然是如此这般的"有组织、有纪律"……

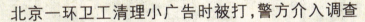

北京一环卫工清理小广告时被打，警方介入调查

猖獗小广告让谁脸红

16日，一则有关北京市一名环卫工人或因为清理小广告被打闷棍导致头部受伤的消息在网络上热传，引发网民关注。记者调查证实，环卫工在清理小广告时被打情况属实，目前最新的消息是，北京警方已介入调查。

清理小广告时遭袭

光天化日下打人让人震惊，网友呼吁邪不压正，应认真调查

次竟然嚣张到光天化日之下打人。一位网友称，"希望警方认真调查此事，告诉大家邪不压正。"

过街天桥是重灾区

北京电信运营商2012年起不再封电话，小广告更加泛滥

记者在王师傅被打的城铁西二旗站看到：天桥上的扶手几乎看不到一块干净的地方，全是一层又一层小广告被清理后留下的纸张碎片和黏合胶。在桥下，原本是灰色的墙体上，从人头顶到膝盖高度的位置上，出现了一道"白色污染带"，同样全是各种小广告被清理遮盖后留下的痕迹。绝大多数的小广告都是房屋出租信息。

治理宜疏不宜堵

多头管理增加惩处难度，专家建议在城市繁华地段设立广告栏

业内人士告诉记者，当前多地对小广告的管理，仍采取部门协调的方式，比如公安部门负责打击涉及制售假文凭、假证件等犯罪活动的非法小广告的违法行为；工商部门负责对非法小广告的广告主、广告经营者和广告发布者进行查处；通信管理部门负责对涉及违法犯罪内容的电话号码实施停机；文化市场行政执法部门对承接印刷非法小广告的企业进行查处。另外，由分管单位管理，比如河道设施、市政设施、居民小区楼道、交

所谓引起"众怒"，是指一地之事引来群起攻之，一时之事引发大众论之。就在"北京环卫工清理小广告被打"事发数日，2013年4月18日《人民日报》刊登该报记者吕毅品、新华社记者郭沛然采写的"深阅读"，设问《猖獗小广告让谁脸红》，简述原委之后，记者所言似乎触到了此项治理工作的软肋：

"业内人士告诉记者，当前多地对小广告的管理，仍采取部门协调的方式，比如公安部门负责打击涉及制售假文凭、假证件等犯罪活动的非法小广告的违法行为；工商部门负责对非法小广告的广告主、广告经营者和广告发布者进行查处；通信管理部门负责对涉及违法犯罪内容的电话号码实施停机；文化市场行政执法部门对承接印刷非法小广告的企业进行查处。"

如果上述所言为"轻触"，那么接下来的记者"深说"则一针见血："不同区域的小广告由分管单位管理，比如电力设施、给排水和河道设施、市政设施、居民小区楼道、交通设施等地方由电力、水务、市政公路、国土房管、公安交管部门分别负责。这种多头管理增加了惩处的难度。"

此文于2013年见报，倘若13个部门曾早有"深阅读"，现状或有改观……

撕张小广告换句"别找事"

警方提醒热心市民 对付贴小广告的还得靠城管出手

下午5点半一过
贴小广告的出没

昨天下午4时30分许，记者赶到了北四环育慧里公交车站，此时无论是南北两侧的车站，还是东边的过街天桥上，仅贴有少量的小广告，有些小广告因为贴得不牢靠，已经脱落到地上，成了一团团的废纸。贴小广告的人此时还未现身。

昨天下午5时10分，记者在育慧里南侧公交车站座椅上休息了片刻，突然一只大手伸了过来，将一张租房类的小广告，很自然地贴在了公交车广告牌的立柱上，速度之快还真让人有点反应不过来，抬头再一看，公交站的广告牌背面，瞬间已经被贴满了小广告。来贴广告的有两拨人，所贴广告均是与租房有关的内容。

前天下午6时许，崔先生正在公交站等车，在过街天桥上看到，桥上的小广告连成了片，周边环境显得十分脏乱。他当时非常生气，一边随手将桥上的小广告撕了下来。正撕着，桥下几个身穿衬衫的20多岁男青年突然冲他喊起来："谁让你撕的！"说话间四五个人追了过来。崔先生觉得不妙赶紧下桥，但还是被追上了，几个青年对崔先生一番拳打脚踢。事后崔先生报警，并拍下了伤口的照片。

小伙子正在张贴小广告

左图中三人为贴小广告"小分队"

也许是当过几天记者的缘故，新闻工作的辛劳、甘苦略知些许。倒退二三十年，能把报道写得及时、客观即为上品，如今时逢"走转改"，因此，仅有版面的达标还远远不够。2013 年 7 月 31 日《北京晚报》刊发记者景一鸣采写的图文报道《撕张小广告换句"别找事"》，会说的不如会看的，原来撕小广告差点也挨顿打的不是别人，正是记者自己。文章说道：

"崔先生正在公交站等车，在过街天桥上看到，桥上的小广告连成了片，他非常生气，一边过桥，一边随手将小广告撕了下来。正撕着，几个 20 多岁男青年突然冲他喊起来：'谁让你撕的！'说话间四五个人追了过来。崔先生赶紧下桥，但还是被这伙人追上，几个小青年对崔先生一番拳打脚踢。见几个穿着邋遢的中年男子从过街天桥走了上来，记者也想试探一下他们是否具有'攻击性'，于是当着他们的面将几张刚贴的小广告扯下并扔到地上。其中一名男子见此情况，又在原来的位置补了一张小广告，然后撂下一句'别找事儿'便离去了。"

在为记者点赞的同时，也注意到文章副题"警方提醒热心市民，对付贴小广告的还得靠城管出手"。话虽这样讲，但毕竟歌词有唱"路见不平一声吼"……

常言道，"邪不压正"。然而在治理小广告的过程中，邪火中烧的小广告却演足了"蹬鼻子上脸状"。2014 年 7 月 16 日《北京青年报》刊登了记者罗京运、马骏、王程央等采写的《小广告变身诅咒式辱骂清理者》，其中说道：

"'老太太撕一张条，少活一天。'昨日，一则诅咒式小广告出现在碧兴元小区。小区内的老人和居委会工作人员利用空闲时间自发清理小广告，这则诅咒式小广告针对的正是这些清理广告的老人。在一堆小广告中，记者看到了那张诅咒式小广告。与普通小广告大小相似的白纸上，也许是'意犹未尽'，这则小广告下面又被人用黑色记号笔写上言语粗俗的脏话，并同样针对老太太。"

在上述报道中，有心的记者再次提及之前我们也曾讲到的"门禁缺失"的问题，看来，老旧小区治理小广告，"门禁"绝对不可或缺。"门禁"不仅是小广告的克星，同时也是社区安防的桥头堡。许多年前，"政府补点、厂家让点、居民凑点"的"三三制"曾经为推行"门禁"作出极大贡献。

遗憾的是，门禁在不少地方形同虚设，或拿砖顶着，或用棍儿别着，或认识不认识的凑齐一拨随大溜儿，总之，门禁"认卡不认人"的死性劲儿荡然无存……

旧 考

二律曾经说背反

JIUKAO

ERLU CENGJING SHUO BEIFAN

结合各地情况，认真统计了一下，治理小广告的强硬手段包括"停机、呼死你、拘留、判刑"，从表象上看，四位一体、各司其职，但实际中"前两项"却始终处于"说了不算、算了不说"的轮回之中：

2006年5月，媒体告知"散发小广告两次将被拘留劳教"、"城管等部门将收集证据通知电信部门实施停机处理"；

2006年10月，媒体不仅披露《"小广告"电话停机将有法可依》《"小广告"处罚上限提至50万》，同时告知，"截至10月份，北京市共查处非法小广告16478起，治安刑事拘留291人，移动通信部门实施停机的电话号码16421个"；

2012年9月事情出现逆转，《治理小广告不再"强制停机"》，缘由很简单，停机虽立竿见影，但与《行政强制法》相关法条相悖；

2013年7月，时而"强行停机"，时而又"不再强行停机"有了续篇。"将非法小广告纳入电信服务合同违约责任范围，从违反民事合同的角度予以停机。"

有人将"停机"等措施称为"治理乱象用重典"，也有人呼吁将治理小广告向更深层法制轨道推进，更有消息说，张贴小广告招徕"办假证"被奉化市人民法院一审以"买卖国家机关印章罪"判处有期徒刑。于此，深度参与该案的法律人士坚称，此事对张贴非法小广告有很强的威慑作用。

透过上述真实案例，想来北京早在2006年出台的"散发小广告两次将被拘留劳教"绝非一时之举，一地之策。政策和策略是施政者的生命，当此种生命轨迹无端受阻且医不自治，或向"生活智慧"取经，或与智库、媒体、律师等外脑机构合谋，其实都是基准的考量……

围绕治理小广告，说了"技防"，说了"人防"，也说了"信心与乱心"，也说了"无赖与无奈"，下面谈及的话题，不是按时间顺序排队排到号的，而是与人防、技防同步，曾经发生在历史的同一个时段。

十年前，2006 年 5 月 9 日《竞报》刊登了记者胡志斌采写的《散发小广告两次将被拘留劳教》，令人心花怒放，欢欣鼓舞。"昨天市 2008 环境建设指挥部下发《2006 年城市环境秩序建设工作要点》，明确表明公安机关要主动配合，为其他部门依法整治非法小广告提供支持。暴力抗拒执法以及两次以上散发、张贴、喷涂非法小广告的人员，实施治安拘留、劳动教养等治安管理措施。并从打击源头入手，组织专门力量，对于制假贩假类小广告的广告主、制作非法小广告的头目、雇佣或指使未成年人从事违法行为的幕后操纵者加大打击力度。"

这是此间收集到的有关"停机处罚"年头最久的剪报，因为概念鲜为人知，所以记者还格外加以说明："城管等部门将收集整理张贴、喷涂、散发小广告证据材料，通知电信部门实施停机处理，然后通过电话和短信的形式进行处罚提醒，散发单位和个人只需要到相关部门接受处罚，电话就能重新开通。"

2006 年 10 月 31 日　　BEIJING EVENING NEWS　　本版编辑／马　佳　版面设计／安旭红

北京晚报　　今日关注　　3

市十二届人大常委会32次会议上午听取并审议了5项议题

"小广告"电话停机将有法可依

　　因为时逢法制社会，所以涉及"公民权益"的事情还要上升到更高的层面加以"过堂"。还是十年之前，就在前述相关消息披露不到半年，2006 年 10 月 31 日《北京晚报》刊登了记者孟环采写的新闻报道《"小广告"电话停机将有法可依》，其中说道：

　　"今天上午，市十二届人大常委会第 32 次会议召开。会议听取了市人民政府关于《北京市市容环境卫生条例修正案（草案）》的说明和市人大城建环保委员会审议意见的报告。本市将重拳出击'小广告'。草案书规定，擅自在公共场所散发、悬挂、张贴宣传画、广告的，将会被责令清除、没收非法财物和所得财物，并处以 100 元以上 1000 元以下罚款，情节严重的，处 1000 元以上 1 万元以下罚款。乱贴、乱挂、乱画、喷涂、散发的'小广告'中若有通信工具号码的，执法部门会通知电信部门暂停该号码的使用，等违法行为接受处理后再予以恢复。"

　　上述利好可谓"好雨知时节，当春乃发生"，但事后读来却感觉有些异样，"不谋全局不足谋一域，不谋万世不足谋一时"，将小广告列入"影响环境卫生"范畴虽无不妥，但小广告真正伤害的本乃"国民心境"更是不争的事实……

2006 年 11 月 1 日，《华夏时报》了刊登记者丁华艳、杨超采写的新闻报道《"小广告"处罚上限提至 50 万》，文章披露：

《北京市市容环境卫生条例修正案（草案）》提高了对"小广告"直接受益人的处罚额度。原《条例》规定对此种行为处以"100 元以上 1000 元以下罚款；情节严重的，处以 1000 元以上 1 万元以下罚款"，修改之后则规定，"处以 1 万元以上 10 万元以下罚款；情节严重的，处以 10 万元以上 50 万元以下罚款。"

2006 年 11 月 22 日《华夏时报》告知："截止到今年 10 月份，北京市共查处非法小广告 16478 起，罚款 75.08 万元，治安刑事拘留 291 人，移动通信部门实施停机的电话号码 16421 个。"

8 北京日报

治理小广告不再"强制停机"

本报记者 刘欢

"城市牛皮癣"——小广告,是城市顽疾之一。伴随着我国今年颁布实施《行政强制法》,城管部门曾使用的"强制停机"措施有违法之嫌。昨天,丰台区市政市容委有关负责人做客北京城市服务管理广播《城市零距离》时透露,目前,发小广告,强制停机措施已经终止。

现状:
小广告清一公里每年1.36万

记者发现,目前本市垃圾桶、公交站牌、电线杆、公用电话亭等设施已成为小广告重灾区,从黑车、办证、医疗甚至色情广告,五花八门。

这些"城市牛皮癣"不仅破坏城市环境,也让管理部门大伤脑筋。一位清洁工人说:"乱贴还好清理,直接刮掉,但那些用墨、油漆乱写乱画的小广告,很难弄干净。"

据丰台区市政市容委有关负责人介绍:清理小广告需要购置除设备、工具、人员,按目前市里相关标准,在主要路段上,清理一公里小广告的费用每

年大约1.36万元。

治理:
强制停机属违法已终止

早在2002年,城管曾使用非法小广告警示系统,俗称"呼死你"治理非法小广告,即向小广告上刊登的呼叫号和手机号发送信息,就促其改正违法行为并接受处理,直至机主关机或停机。

2004年,第二代"呼死你"面世,以手机短信形式使小广告上手机号的机主无法再使用呼叫转移的方式转移警示内容,且每接受一条短信就会损失0.5元。

2006年,本市出台《北京市市容环境卫生条例(修改草案)》,规定城管部门可通知电信企业暂停小广告广告工具号码的使用,自此"呼死你"被"强制停机"取代。

虽然"强制停机"立竿见影,小广告治理成效显著,但伴随着《行政强制法》的实施,这种办法不能再用。据丰台区市政市容委有关负责人介绍,《北京市市容环境卫生条例(修改草案)》只

是一个地方性法规,依据《行政强制法》的相关规定,公民有通信自由,因此,北京的地方性法规就不能再规定"强制停机",目前,发小广告"强制停机"措施已终止。

新招:
"专贴柱"等防小广告反弹

停止发小广告强制停机后,违法小广告现象确实有一定反弹。但城管部门对违法小广告的调查、取证一刻未停,而且还推出不少新招,升级小广告治理方式。

例如,东城区城管队员推出"防贴衣",给电线杆上同色系的特殊"壁纸",为变电箱、指路牌和公交站牌涂上高科技涂料,让小广告一贴就掉,西城区城管协警员则用手机"随手拍",迅速定位非法张贴广告的行为,迅速处理;海淀城管则对举报非法张贴广告的市民进行奖励。

丰台区在包括环路、城市连接线和重点区域等小广告反弹率较高的人流密集处,试点设置了350余个小广告专贴柱,引导小广告有序张贴。

新闻点评
律师:《行政强制法》有效解决乱执法

"过去,许多行政机关实施强制措施时会出现乱执法和滥执法现象。"丰台区律师协会副会长郑爱丽在接受记者采访时透露,多个执法机关在追求强制执法行为的效果时,会忽略强制措施是否会侵犯市民的合法权益,《行政强制法》的立法的就是要真正解决行政强制措施实施过程中的执法乱象。"

郑爱丽指出,《行政强制法》第十条规定,法律、法规以外的其他规范性文件不得设定行政强制措施。另外,行政强制措施的种类分为:限制公民人身自由,查封场所、设施或者财物,扣押财物,冻结存款、汇款等。此前实行的小广告强制停机并不在其列。

"《行政强制法》还规定'公民、法人或者其他组织对行政机关实施行政强制,享有陈述权、申辩权',让这些小广告电话,很难找到当事人进行面谈,因此有可能出现误伤他人的情况。"郑爱丽说。

按理说,有了十年前那样的法则、法规、法案、法度,小广告本该很快销声匿迹,毕竟"停机"釜底抽薪,毕竟"重罚"真金白银,毕竟"拘留"不是闹着玩的。然而,世事难料,相关法规公布6年后,2012年9月12日,《北京日报》刊登记者刘欢采写的《治理小广告不再"强制停机"》,其中说道:

"虽然'强制停机'立竿见影,小广告治理成效显著,但伴随着《行政强制法》的实施,这种办法不能再用。据丰台区市政市容委有关负责人介绍,《北京市市容环境卫生条例(草案)》只是一个地方性法规,依据《行政强制法》的相关规定,公民有通信自由,因此北京的地方性法规就不能再规定'强制停机',目前发小广告'强制停机'措施已经终止。昨天丰台区市政市容委有关负责人做客《城市零距离》时透露,目前,发小广告强制停机措施已经终止。停止发小广告强制停机后,违法小广告现象确实有一定反弹,但城管部门对违法小广告的调查取证一刻未停,而且还推出不少新招,升级小广告治理方式。"

无言以对。事后常想,倘若当初将治理小广告列入"存心与群众好日子过不去"的"非法张贴物"范畴就好了,毕竟"稳心"之举高过一切……

与前图、前文所示相隔仅仅 10 个多月，"强行停机""不再强行停机"，又有了续篇。《北京晚报》派出多路记者探访"小广告为何难根治"，并于 2013 年 7 月 16 日刊发探访报告《乱发小广告停机》，其中说道：

"昨天，北京市政府办公厅印发了《非法小广告专项治理行动工作方案》，明确要求城管执法部门与电信管理部门以及电信运营商研究并制定措施，对于利用通信工具从事非法小广告行为纳入电信服务合同违约责任范围，从违反民事合同的角度予以停机。"

这一方案同时还进一步明确了 13 个职能部门和 16 区县在治理小广告中的责任，包括"各级城管执法部门对非法张贴、喷涂、散发小广告行为实施行政处罚，并根据非法小广告涉及内容移送相关部门依法查处；刻章、办证、涉赌、涉黄等非法小广告将移送公安机关追究刑事责任；对利用非法小广告进行房地产销售、出租的企业进行约谈告诫"，等等。

在诸多有关小广告的老剪报中，这一篇读来感慨万千，既有读者的感知，也有学者的感悟，同时更有城管人员对其来之不易的设身感触……

有人将"强行停机"等措施称为"治理乱象用重典",也有人呼吁将治理小广告向更深层的法制轨道推进,2009 年 8 月 9 日,《新华每日电讯》刊发专稿,着力探讨《"重典",能否遏制泛滥的街头小广告》,其中说道:

"以'办假证'为主的非法小广告作为城市'牛皮癣',向来是城市管理的难题。近日,张贴小广告招徕'办假证'的谢某与周某,分别被奉化市人民法院一审以'买卖国家机关印章罪'判处有期徒刑三年、有期徒刑三年缓刑四年。面对屡禁不止的非法小广告,重刑有望起到真正的震慑作用并遏制其泛滥。"

"浙江省国圣律师事务所副主任程学林认为,这起案件的判决对于张贴非法小广告'办假证'的犯罪行为有很强的威慑作用。杭州市社科院社会学研究所所长傅立群提出,有关部门应当在此基础上进一步加大力度,对非法小广告展开全面整治,在有法可依的情况下,城管、公安部门应当给予更多的关注,对于这类犯罪行为进行严厉打击。"

专家的专注由表及里,学者的学养左右逢源,北京"13 个部门"包括哪些单位一时数不过来,但其中似无新闻单位,似无智库、律师等外脑机构,治疗疑难杂症没有这等杂家"搅局",结果似乎很难完满。

透过 2009 年浙江奉化"小广告以身试法"的真实案例,想来北京早在 2006 年出台的"散发小广告两次将被拘留劳教"不仅仅是一地、一时之举。很遗憾,或是平日剪报收集得不全面,所以,京城有没有、有多少"散发两次以上小广告"的违法人员被绳之以法不得而知……

在与小广告的缠斗中，我方动用过的重武器除了"停机"还有"呼死你"，专业名称为"非法广告追呼系统"，由计算机操作的通信干扰设备，专门对付非法广告，实现无间隔周期呼叫，直到将号码彻底呼停。

然而，就像"停机"曾停出了毛病一样，"呼死你"也同样是是非非、几起几落。以至 2009 年 8 月 18 日《新华每日电讯》刊登记者陆文军、王欣颖采写的《"呼死你"重出江湖，以恶制恶或违法》，其中说道：

"早在 2003 年，'呼死你'的前身'城市管理语音提示系统'就在国内一些城市的城管部门启用，专门对付城市小广告。这一方法后来在全国城管系统广泛采用，但很快被弃用。上海城管部门的一位负责人告诉记者，'呼死你'的缺陷显而易见：为还击'呼死你'，贴小广告的办假证者竟将电话呼叫转移到地方政府部门电话甚至'110'上；还有机主不断摘机挂机，让城管方面产生巨额通话费用，反而让市政管理者陷入被动。"

"'呼死你'一身兼具'骚扰'和'反骚扰'功能，堪称是游走在法律和道德的模糊地带。一位不愿意透露姓名的法学教授告诉记者，如果用骚扰的方式还击垃圾短信的骚扰，这其实是典型的'以恶制恶'手段，在现实应用上可能有效，但法律层面上是有问题的，涉嫌违法。更有社会学者指出，'呼死你'的滥用，堪称是信息时代的一种不和谐音。"

且不讲参照前文所述"买卖国家机关印章罪"小广告将电话呼叫转移到"110"是否罪加一等，仅与"停机"比对，"呼死你"确实硬伤在身难于安妥……

新华每日电讯

锐新闻·治理"小广告"

城管引进"呼死你"，狠狠惩治"糊死你"

新华社兰州7月8日新媒体专电(本组稿件撰稿记者张文静)被"小广告"困扰已久的兰州市城关区2010年引入"非法广告追呼系统"，通过对乱张贴、乱涂写、乱刷画的非法广告提供的违规电话进行循环不断的追呼予以治理。截至今年6月底，兰州城关区确认追呼1.6万余个号码，呼停8800余个号码。但"小广告"并没有因此销声匿迹。

兰州市城关区数字化城市管理监督中心监督员邹英泉从事清理和采集"小广告"信息已有六年时间，六年中，他亲身感受到了城市管理者治理"小广告"的用心良苦以及治理方法的与时俱进。

"小广告"张贴手段不断翻新

"以前'野广告'张贴者只是用普通胶水在电线杆或地面上贴，也有的用毛笔、刷子在墙上胡乱涂写，现在他们的手段翻新了。"邹英泉说，一些违规者会用强力胶粘贴，用油漆涂画，有的还将硝酸和盐酸混在涂料里，更有甚者，直接在鞋底挖个洞，将"小广告"塞在鞋里，踩成张贴特殊鞋，走一步贴一个。

兰州市城关区天水南路社区党支部书记魏士杰表示，"我们每天都要找人清理、收拾小广告，对天水南路这条主干道进行24小时不间断的清理和保洁，我们这边，他们那边钻空子钻。"他说，清理一个"野广告"需要10来分钟，但贴一张只需几秒钟。

兰州城关区数字化城市管理监督中心主任陈石说，违规者使用各含硝酸和盐酸成分的涂料在石材上随意涂写的"小广告"最难清理。为此，他们还专门请化工专业的大学老师专门研发去油漆涂料，不得不放弃。

城管"呼死你"狠治"糊死你"

据介绍，2009年，"小广告"现象在兰州城关区一度十分猖獗，有时连规者一天晚上能张贴6000余张。被"小广告"困扰已久的兰州市城关区2010年引入了"非法广告追呼系统"。

陈石还介绍，"非法广告追呼系统"即俗称的"呼死你"系统，是由计算机操作的通信干扰设备，专门对付非法广告。"中心现有330路追呼系统，可同时追呼330个号码，实现无间隔周期呼叫。

▲天津市和平区一栋居民楼内，一名市民走下楼梯，墙面四周布满了城市"牛皮癣"。新华社记者 岳月伟 摄

　　因为不是职业剪报专业户，所以书里与读者共享的不会是"上文书"接"下文书"，顶多也就是"一环扣一环"。譬如前文说的是上海，本文谈的是甘肃，而配图展示的则是天津，彼此间没有同一故事贯穿，但聚在一起却很有看点。

　　2013年7月9日《新华每日电讯》刊登记者张文静、岳月伟报道的《城管引进"呼死你"狠狠惩治"糊死你"》，其中讲道："据介绍，2009年小广告现象在兰州城关区一度十分猖獗，有时违规者甚至一天晚上能张贴6000余张，被'小广告'困扰已久的兰州市城关区2010年引入了'呼死你'，截至6月底，城关区确认追呼1.6万个号码，停呼8800余个号码……"

　　缘何不得已为之，不妨看看当地小广告的疯狂状——"以前'野广告'张贴者只用普通胶水在电线杆或地面贴，也有用刷子在墙上涂写，现在手段翻新，违规者用强力胶粘贴，用油漆涂画，有的还将硝酸和盐酸混在涂料里用木棍蘸着涂料写，更有甚者，直接在鞋底挖个洞，将'小广告'塞在鞋里走一步贴一个。"

　　图片所示为天津一位市民下楼梯，墙面四周布满了城市"牛皮癣"。读者不妨退回到26页，同样是楼道，但"牛皮癣"的数量却铺天盖地……

违法户外广告投放一个月赚百万 15天公告期被指过长

清理小广告 下周重启呼死你

本报讯（记者 李天际）昨日，市人大常委会执法检查组对户外广告牌和牌匾标识管理情况进行检查。城管部门表示，由于违法户外广告获利空间巨大，现行的15天公告期过长，已严重影响了执法效果。针对难以禁绝的"小广告"，城管部门下周将再次启用"呼死你"。

两处户外违法广告被公告
就在市人大常委会执法检查组检查的当日，市城管执法局通过媒体发布公告。公告称，经查五环路外环27.9公里处一块空白的单立柱户外广告；机场高速进京方向15.5公里处一块"中国院子"的单立柱户外广告，违反《北京市市容环境卫生条例》相关规定，经北京市户外广告主管部门确认，属于违规设置。
市城管执法局要求这两处户外广告的所有权人（管理人）在15日内向城管部门主张权利，接受调查，逾期无人主张权利或者未改正违法行为，城管部门将依法强制拆除。

城管15天公告期被指过长
市城管执法局相关负责人告诉北京青年报记者，一块大型户外广告设施的建设成本约为10万到30万元，一夜之间便可建成，投放一个月可获上百万元的利润。
但是根据现行规定，发现违法户外广告后，执法部门需在公共媒体以及户外广告所在地发布公告15日，再履行相应的程序，最快也需要3

Hisense

王府井步行街南口的户外广告6年没有拆掉　　摄影/本报记者 袁艺

"呼死你"最新技术下周启用
本市部分地区非法小广告问题突出，对此市城管执法局表示，将对非法小广告上的本市电话号码实施停机措施，"呼死你"的最新技术也将在下周启用。
此外，在各类非法小广告中，外地号码占95%以上，本市相关部门将协调江苏、河北、山西、内蒙古等省区市，共同打击非法小广告。

现场
长安街"最牛"广告六年拆不掉
长安街竟有一块违法户外广告，堪称神州第一牛，在王府井步行街南口，三块广告牌区，分别属于某电子企业、一家酒楼和一家

北京青年报

忍无可忍，北京市有关部门针对难以禁绝的"小广告"决定再次启用"呼死你"。于此，2014年5月15日《北京青年报》刊登记者李天际采写的《清理小广告，下周重启"呼死你"》，其中说道：

"昨日，市人大常委会执法检查组对户外广告牌和牌匾标识管理情况进行检查。市城管部门表示，由于违法户外广告获利空间巨大，而现行的15天公告期过长，已经严重影响了执法效果。针对难以禁绝的'小广告'，城管部门下周将再次启用'呼死你'。本市部分地区非法'小广告'问题突出，对此市城管执法局表示，将对非法'小广告'上的本市电话号码实施停机措施，'呼死你'的最新技术也将会在下周重新启用。"

文章同时告知，"在各类非法小广告中，外地号码占95%以上，本市相关部门将协调江苏、河北、山西、内蒙古等省区市，共同打击非法小广告"。应该说这是一项极大的利好，时处信息社会，省界、市界早已奈何不得"城市牛皮癣"疯狂泛滥。此外，当下一线城市的"城市病"，如果防治不当，用不了几年，就会是二三线城市的无可奈何，早点启动群防群治，受益的决非首都北京……

"呼死你"方被停用 小广告卷土重来

实习生 曹晓晨 本报记者 耿诺

刚进行完外墙粉刷、外保温加固的小区，公共走廊的窗户就被小广告贴成了花瓜，沿着北三环路一看，安华桥西南角几栋刚改完的小区，外立面玻璃又起了"牛皮癣"。

"这小广告啊，年年治、年年治不了。"看着公共走廊中成片的小广告，居民陈大妈叹了一口气。老旧小区改造时物业涨钱、街道治理小广告缺人缺钱，"呼死你"停用……在诸多缝隙中，小广告又有了生存空间。

小区翻新后再染"牛皮癣"

大兴区林校路路西的一个老旧小区，这次也通过老旧小区改造脱胎换骨了。换管道、刷白墙、贴外保温，几个月折腾下来，老楼着着跟最新的一样，里里外外舒坦。

可改造新用了几个月，楼道里就再次出现了小广告，开始是零零星星的一两张，随后跟着"传染"了。

"这帮贴小广告的人，都跟蚂蚁似的一样，一个来了，后头紧跟着就没完没

了。"每天一回家，住在2单元101室的刘大妈就得先挥掉几张小广告。这些小广告，开始贴在楼道里的新防盗门上，后来就贴进了楼道，再往后，就直接贴到每家每户的大门上。

"原来不是有个'呼死你'的招儿能治他们吗？怎么就治不住了？"刘大妈很是无奈，虽然小区的老邻居们想阻止贴小广告的人，但老胳膊老腿，"谁跑得过那帮小伙子啊？"

没了"呼死你"居委会直犯难

刘大妈说的"呼死你"，是10多年前本市曾经启用的一套非法小广告警示系统。其原理是向小广告上刊登的呼机号和手机号发送信息，敦促其改正违法行为并接受处理，直至机主关机停用。

"当时这法子还挺管用的。"朝阳区望京南园东园居委会一位相关负责人回忆。公开报道显示，2006年，北京启动《北京市市容环境卫生条例》，这个条例实施仅39天，对非法小广告暂停电话号码的数量就达到了4455个，平均每天都有114个违法小广告因为失去客源而被

迫停止散发和张贴。

但到了2010年，"呼死你"被停用，居委会只能随时到小区里转，看见有人贴，就口头劝告，遭白眼、被骂，都成了常事儿。

一位在居委会工作的大爷告诉记者，在望京地区贴小广告的，大多是刚进京打工的年轻人，没正经工作，没钱，就靠着贴小广告赚"第一桶金"。他们三五成群，手脚麻利，见着人就跑，要想从张贴人这个角度抓住小广告，还真难。

这位大爷说，后来在向通信公司输入小广告号码要求停机时，通信公司会要求出示该号码确为小广告号码的证据，但要向小广告的主人确认手机号和违法行为，也不容易。

"我们还在坚持上报小广告号码，但不知道最终这些号码会怎么处理。"一位工作人员说，原来他们一个星期上报上千个小广告号码，现在一周也就报40来个。

小区封闭管理或成唯一希望

几年前，朝阳区望京街道办事处请街道的退休党员组成了一支清理小广

告的队伍，但收效甚微。

"贴容易，撕下来费劲；清除一张小广告花的钱，比贴一张贵上两到三倍。"参与清理的一位大爷说，现在有些小区只好号召居民凑钱买涂料，自己重新粉刷楼底。

海淀区八里庄街道相关负责人也透露，这次老旧小区改造之前，集中清过一次小广告，一天下来用了10罐高压气，清出来的小广告层层叠叠，摞成了一堆。他认为，只有将小区封闭管理，启用门禁，并保安定时巡逻提高士气，才能不再使用"铲小广告"这种笨办法。

记者在望京、安定门等多个地区对比后发现，使用门禁、有保安定时巡逻的小区，小广告数量相对都会比较少；而使用封闭管理、物业费低甚至不收物业费的小区，就算是已经进行了改造，大多又会重新成为小广告的"重灾区"。

2013年，市住建委相关负责人曾经在启动老旧小区综合整治工程前表态，将在老旧小区改造中同步引入物业管理，而且可以引入物业管理，但单独的保洁或保安队伍为老旧小区目前还没有明显进展。

北京日报

尽管本文不是前文所述的章回延续，但时隔半年再次传来的"呼死你"新动态，却让人云里雾里不明就里。2015年1月7日《北京日报》刊登了记者耿诺、实习生曹晓晨采写的《"呼死你"方被停用，小广告卷土重来》，其中说道：

"2006年北京启动《北京市市容环境卫生条例》，条例实施仅39天，对非法小广告暂停电话号码的数量就达到了4455个，平均每天都有114个违法小广告因为失去客源而被迫停止散发和张贴。但到了2010年，'呼死你'被停用，居委会只能随时到小区里转，看见有人贴就口头劝告。"

记者接下来讲述了一个新情况，据一位在居委会工作的大爷讲，后来在向通信公司输入小广告号码要求停机时，通信公司会要求"出示该号码确为小广告号码的证据"。这下可难倒了举报者，要知道，贴小广告的大多是刚进京打工的年轻人，三五成群，手脚麻利，见人就跑，想要找到比"小广告"更坐实的"证据"，简直是不可能的事情。

感慨良多。时逢信息时代，通信部门捞金有术是不争的事实，因此有理由相信，倘若重心有所倾斜，比"停机""呼死你"更为神道的法力或许分分钟呈现……

回 顾 / 回 想

本章所述，读来较之其他章节略感紊乱，不在作者，不在读者，问题似乎出在了挺重要的事，挺明白的事，竟然朝令夕改，且朝三暮四。为便于读者通盘考量，整体认知，特将相关报章主述内容按时间顺序明列如下：

2006 年 5 月 9 日《竞报》披露《散发小广告两次将被拘留劳教》，告知"公安机关要主动配合，为其他部门依法整治非法小广告提供支持。暴力抗法及两次以上散发、张贴、喷涂非法小广告的人员，实施治安拘留、劳动教养等措施"。

2006 年 10 月 31 日《北京晚报》披露《"小广告"电话停机将有法可依》，告知"擅自在公共场所散发、悬挂、张贴宣传画、广告的，将会被责令清除、没收非法财物和所得财物，并处以 100 元以上 1000 元以下罚款，情节严重的，处 1000 元以上 1 万元以下罚款"。

2012 年 9 月 12 日《北京日报》披露《治理小广告不再"强制停机"》，告知"虽然'强制停机'立竿见影，小广告治理成效显著，但伴随着《行政强制法》的实施，这种办法不能再用"。

2013 年 7 月 16 日《北京晚报》披露《乱发小广告停机》，告知"对于利用通信工具从事非法小广告行为纳入电信服务合同违约责任范围，从违反民事合同的角度予以停机"。

2014 年 5 月 15 日《北京青年报》披露《清理小广告下周重启"呼死你"》，告知"针对难以禁绝的'小广告'，城管部门下周将再次启用'呼死你'"。

2015 年 1 月 7 日《北京日报》披露《"呼死你"方被停用，小广告卷土重来》……

新　政

九龙合围一纸缠

XINZHENG

JIU LONG HEWEI YI ZHI CHAN

非法小广告屡禁不绝，如何彻底根除顽疾，2013年7月，北京市政府下重拳，专门印发《非法小广告专项治理行动工作方案》，要求一至两年实现市容环境面貌明显改善。按照相关要求，街面上的小广告最长不得存留4小时，重点区域须2小时内清除干净。

《方案》实施效果如何？多家媒体记者兵分多路，探访结果不尽如人意，包括《小广告"新政"实行起来欠火候》《达标背街小巷到处都是小广告》《小广告仍是城乡卫生"顽疾"》《集中整治40天，"重灾区"小广告还是没见少》，等等。用记者的话讲，"贴小广告和清小广告之间的'猫鼠游戏'一直在进行"。至此，视此，别说遇到"暴脾气"，就是没脾气的主，吐槽也好，甩咧子也罢，恐怕一句"政府干什么吃的"绝对少不了、跑不了。

不是为哪位开脱，相关部门还是做了许多实事，看了下面这组数据，相信不少人会若有所悟——"自去年9月开始，全市日均清理、收缴非法小广告近30万张，共查处散发小广告人员1.3万人次，其中2519人次被处以行政拘留，已收缴各类小广告500余万张，捣毁印制非法小广告窝点12个，另有550个小广告所印的电话被电信部门停机处理"。

问题所在固然有自身问题，但讲老实话，这些年"过街老鼠"的经历把"小广告"早已敲打得不再傻乎乎、愣磕磕，因此，耗子成精猫没成仙，"猫捉老鼠"的游戏肯定会失控、失衡。不过，让人眉头一皱的是，眼下"小广告"已非散兵游勇，不仅有相对完善的内部管理体系和激励机制，甚至还有"周末双薪"的特殊待遇，凡此种种，一旦形成剪不断理还乱的产业链，结果必然错乱得很……

市政府印发《非法小广告专项治理行动工作方案》

非法贴小广告 4小时内清除

本报讯（记者 樊江云）被视为"城市牛皮癣"的非法小广告屡禁不绝，如何彻底根除这一顽疾？昨天，市政府办公厅印发《非法小广告专项治理行动工作方案》，明确各区县、部门工作职责，并要求非法小广告最长不得存留4小时。

环卫清理经费不低于6%

大街小巷、楼道走廊、电线杆、厕所……随处可见的小广告在不停拉低着城市的形象。为保证对非法小广告的清理，方案要求，各区县、各单位要高度重视非法小广告的治理工作，将其作为环境建设的重要内容。清除非法张贴、喷涂小广告年度作业经费不得低于全年环境卫生作业经费的6%。

除了经费保障，方案还要求建立区（县）、街（乡镇）、社区（村）三级非法小广告环境卫生作业及

检查网络，实现作业管理全覆盖。重点地区、主要大街两侧非法小广告要做到随清，繁华商业街区、交通枢纽、旅游景区等地区非法小广告存留时间不超过2小时，背街小巷、居民小区、城乡结合部等地区非法小广告存留时间不超过4小时。作为保障措施，各区县要在非法小广告多发区域安装视频监控系统，确保全天候监控，快速打击，及时清除非法小广告。

利用非法小广告销售企业将被约谈

在全市一些大型路口，市民总能看到一群人不顾生命安危穿梭于车流中发放楼盘广告，让许多车主抱怨不已。针对此种现象，方案要求，住房城乡建设部门要加强对本市注册的房地产开发企业、房地产销售企业、房地产经纪机构的监管，配合相关部门对利用非法小广告

进行房地产销售、出租的企业进行约谈告诫；对因有严重不良经营行为被追究法律责任的房地产开发企业，依法予以降低资质等级或注销资质证书处理。此外，正值高考录取季，方案也特别明确，教育部门整顿教育培训市场秩序，对利用非法小广告发布虚假招生简章和广告骗取钱款的，严厉处罚，情节严重的，责令停止招生、吊销办学许可证。

手机乱发广告或将停机

几乎每位手机用户都有被垃圾短信骚扰的经历，删除不过来，举报无知道找谁。方案要求，城管执法部门与电信管理部门、公安部门加强沟通，研究制定将利用电信网络发布非法传播的行为纳入电信管理整顿范畴，从违反民事合同角度予以停机的措施。

之前曾大致讲述过，以往与小广告的缠斗中，"市08办"、市人大曾先后作出了颇有胆识的及时裁定，尔后，阴错阳差，抑扬顿挫，颇有成效的措施多有调整，据说，如此这般，颇让小广告暗自窃喜。

不断总结经验，不断反思教训，不断温故知新，终于，北京市政府出"重拳"了。2013年7月16日《北京青年报》刊登记者樊江云采写的《非法贴小广告，4小时内清除》，其中说道：

"被视为'城市牛皮癣'的非法小广告屡禁不绝，如何彻底根除这一顽疾？昨天，市政府办公厅专门印发《非法小广告专项治理行动工作方案》，明确各区县、部门工作职责，并要求非法小广告最长不得存留4小时。大街小巷、楼道走廊、电线杆、厕所……随处可见的小广告在不停拉低着城市的形象。为保证对非法小广告的清理，方案要求，各区县、各单位要高度重视非法小广告的治理工作，将其作为环境建设的重要内容。"

欣喜之余我在想，立足更宽泛、更妥帖的层面，小广告带给社会的危害仅只是"拉低城市形象"让市府、市民汗颜吗？仅只是"环境建设的重要内容"让视觉和直觉更甜润吗？尽管答案模棱两可，似是而非，但我还是坚持"城市管理是面子，社会治理是里子，二者交融即城事要冲"的一己之见……

一纸缠——"老剪报"杠上小广告

（上方为报纸剪报图片，内容为《新京报》2013年7月16日 星期二 A10热点版面《街边小广告2小时内需清除》）

与北青报见报同一天，《新京报》刊登记者马力、饶沛联合采写的《街边小广告2小时内需清除》，其中说道："昨天，市政府办公厅发布《非法小广告专项治理行动工作方案》，针对非法小广告这一多年无法治愈的'顽疾'，北京此次'下重拳'，要求一至两年实现市容环境面貌明显改善。"

文章同时披露，"《方案》对涉及非法小广告的所有部门，如公安、城管、住建、卫生、旅游等，都明确了职责"，包括"公安负责市民举报将及时出警，工商负责查处印制非法小广告印厂，城管负责发小广告手机可强制停机，市政市容负责推广清除小广告先进技术，住建物业负责及时清除小区内小广告，旅游负责严厉打击'一日游'小广告，卫生负责严禁用非法小广告进行医疗宣传，税务负责严打私刻印章、制作假发票，教育负责吊销利用小广告招生的办学资格，药监负责禁止药企用小广告宣传，民政负责救助散发小广告的未成年人"。

作为"城市精细化管理"的积极倡导者与不懈推动者，我对上述细分很是折服。不过，小广告涉及门类繁多，科目远不止"一日游"和"假发票"，如果相关责任照此细划，恐怕"13个部门"并不算多……

新京报 2013年7月18日 星期四

A18 北京新闻·专题

小广告"新政"实行起来欠火候

部分小区小广告难按规定在4小时内清理；交警称，对车行道内发传单者罚款有难度

7月15日，市政府办公厅发布《非法小广告专项治理行动工作方案》（以下简称《方案》），针对非法小广告这一多年无法治愈的"顽疾"再下重拳，对重点地区、主要大街两侧、社区及车行道内的小广告清理分别作出了规定。

城市"牛皮癣"是否能按此要求，及时清除？《方案》实施效果如何？昨日，新京报记者探访发现，在重点地区、主要大街两侧、繁华商业街区的非法小广告，基本能按照《方案》要求清理，但居民小区内小广告难以在规定的4小时内及时清除，在车行道散发非法小广告的人员目前也未按规定被罚款。

▶昨日，丰台区石榴园北里，楼道里贴着房屋租赁信息、社区家电维修等小广告。

在众多媒体里，《新京报》颇有风格，颇有个性。时隔数日，2013年7月18日该报刊登了记者许路阳、卢漫、周岗峰、王嘉宁、实习生王聪集体采写的纵深报道《小广告"新政"实行起来欠火候》，其中说道："《方案》实施效果如何？昨日，记者探访发现，在重点地区、主要大街两侧、繁华商业街区的非法小广告，基本能按照《方案》要求清理，但居民小区内小广告难以在规定的4小时内及时清除，在车行道散发非法小广告的人员目前也未按规定被罚款。"

这么多人合写一篇报道，想来客观翔实。果不其然，在"探访"板块，记者逐一道来，譬如，按规定，重点地区、主要大街两侧的非法小广告要随有随清，繁华商业街区、交通枢纽、旅游景区等地区非法小广告存留时间不超过2小时，探访结果却是"白天能实行，晚上做不到"；按规定，居民区非法小广告存留时间不超4小时，住建部门应督促物业加大巡查，制止在小区内非法张贴、喷涂、散发小广告的行为，及时清除小区小广告，探访结果为"难实行"；按规定，公安交管部门对在车行道内散发非法小广告的人员实施罚款处罚，可探访结果同样也是"难实行"。

应该说这是一篇值得反复品读的好文章，相关惶惑与解惑尽在其中……

重创小广告

7月5日，市政府办公厅发出《非法小广告专项治理行动工作方案的通知》，要求依法严格治理房产销售、租赁类非法小广告。非法小广告到底隐藏着什么样的利益链条？记者进行了调查。

虚假信息欺瞒客户

"'可乐'是我的工号，如果您打电话给售楼处，一定要提我的工号，这样才可以为我记下积分，我才有收入。"发单府"可乐"热切地对记者说。

出了6号地铁线，西于至朝阳北路与望京路交汇处，可以看到路边有很多散发小广告的人员，脚下也不时会被别被行人丢弃的小广告。

19岁的"可乐"每天高中生都是刚来到北京发小广告谋生，他可能从未意识到，手中的这些小广告对购房人有什么危害。

103.9交通台每天都会提醒驾驶员很多条，在某某路口出现了发小广告的现象，其实对交通安全造成了危害，只是小广告危害的一小部分，小广告上的虚假信息的引诱和欺骗，才是最大的危害。

早在2010年，搜狐网对1039广播对近4000网民进行的调查结果显示：公路甚至高速公路、人行街道两旁、公交车站、地铁站、大型超市周围等地最容易出现售虚假小广告。

对这些房产小广告的真实地来访，7月24日，记者开始进行了实地观察。

记者拿一份小广告拨打通州某楼盘的电话后，销售人员先称该项目"一切都合法、一切正规"。他暗示开发商有背景，可以解决业主的各种问题，如风险项目不是学区房，但"小区周围的小学都可以上，我们的开发商会帮你搞定"。

然而，经过一番调查，记者发现，该项目的土地性质是科研用地，属产业项目，因此不能给购房人办产权证，"我们没有房本，只有一个大房本，不能分割成小房本。"销售人员也承认这点。

事实上，该项目连预售资格都没有，所谓的房商合同其实是"租20年送30年"的租赁合同，是一种变相的小产权房。

面对目前的小产权房中，有很多都是为这类小产权房或不能合法销售的项目进行推广的。

此外，虽然政策严格限制小广告，有些项目还是会变着法地"顶风作案"，如某项目虽然受到了有关部门的处罚，但该项目还是最大力度在地铁站、其它项目售楼处等地发放小广告或带领顾客去他们的售楼处。

多数为快销小项目

一些定位比较高端的项目，多半不会选小广告这种方式，以免自贬身价，影响形象，不过，一位不愿具名的"发小广告"的她不只是外地项目，该项目也会做一些挖坑的项目，正规的大开发商用小广告的并不少见，但这些不规范建立会从一来快速回款的不靠谱小项目。

在调查中，记者先后拿到20个项目的小广告，对其中一半以上的售楼处进行了现场了解。其中，不靠谱的项目有17个，可以确定是正规项目的超过半数。

这20个项目中有13个以40～80平方米的小户型为主，如位于通州的某项目主要户型是50～70平方米的双层LOFT户型。

当然，也有品牌开发商的70年产权项目会采用小广告，如通州的某项目就在地铁站门口发小广告招揽购房。

小广告利益链内幕

内幕1 出问题谁来负责？

在业界期有名气的某地产公司做业内人士称为房产小广告的集团，其最大的"创造"是开创了"金色销售"的代理模式。

"小广告的很大一部分正是这种"金色销售"的代理公司组织派发，开发商背后，其实更多的是一个大房本，不能分割成小房本。这些销售代理公司可以分为两种，一种是大型的，更多的则是小型的。

一般来说，小型代理公司往往承接了整个楼盘的销售业务，他们比更多的工作是"特色"大型代理公司一些不方便出面的业务，如果人发放小广告、群发短信出问题都由下家，为开发商或大型代理公司当"替罪羊"。

内幕2 小广告怎样收费？

小广告出事一般不单独收费，都是归在销售代理公司的整体代理业务里。

记者以某项目负责人身份，询问了多家发放小广告的公司，得到的答案都是："我们不接单一的小广告发放，除非是项目给我们代理"，代理费用是3到5个点。

一位小广告的公司员工告诉记者，公司可以选择小广告这种推广方式，主要是成本问题，比较快捷，但这种方式也是费和其他管销方式比较组合，所以减少有正规公司只宣小广告做管销的。

内幕3 发单员待遇如何？

发小广告的团队并非散兵游勇，有着相对完善的内部管理体系和激励机制，如在团队内

<北京晚报>

2013年7月5日《北京晚报》刊登了实习生雒焕双、记者胡喆采写的《重创小广告》，详细解读了非法小广告的利益链条，并以地产售楼为例，掰开揉碎对"发单员"的绩效待遇进行认真分析。不入虎穴焉得虎子，两位媒体人的基础调研，为对策研判提供了极好的一手资讯。

记者不仅告知，"散发小广告的团队并非散兵游勇，有着相对完善的内部管理体系和激励机制，如在团队内形成竞争机制，按积分升职的方式，激励底层发单员'进取'成为更高级别的销售人员"，同时细数了职务升迁，原来"客户打进一个电话，发单员积6分，直接带客户到售楼处则积10分，根据积分进行升职奖励，一般要积够1000多分才能晋升为项目销售"。

从表象看，散发小广告并非肥活儿，但最终积少成多"蛇吞象"也未见得没有可能，诸如"比较正规的小广告团队中，发单员的收入一个是底薪，一个是按电话回访量给的每日奖金，最后按成交提成。如果通过发单员小广告成交一套，其本人可获得大约总房款千分之二到四的提成。就这样，利益刺激、晋升机制加上小广告自身见效快的特点，构成了小广告屡斩不断的产业链……"

10 城市

达标背街小巷到处都是小广告

检查人员质疑：清理费用占环卫作业经费6%，为何没有达到效果

本报讯（记者叶晓彦）站在丰台区北大街四里1号路的路口，抽查人员用脚点着地下用油漆写的办证小广告说，"看看，全是小广告，一处算一个儿，就得扣没了。"不远处，一位保洁员正在用白色油漆弯腰喷涂着地上密密麻麻的电话号码，"上午清完下午又来了。"听见保洁人员的无奈感叹，抽查人员也有些心软，最后在评分表上小广告一栏写上"-2"，扣了两分。

从今天开始，市市政市容委兵分多路，将利用一天半的时间，对城六区达标的背街小巷环境卫生进行抽查式验收。今天上午，记者跟随工作人员和专家，对丰台区5条背街小巷的环境卫生进行抽查，发现主要问题都集中在小广告清除方面。

按照要求，5条背街小巷全部是从丰台区880条达标背街小巷中随机抽出的，也就是说，抽查人员和丰台区市政市容委的工作人员事先都不知道要抽查的地点是哪些。

今天上午，8名抽查人员率先来到北大街南里1号路。下车后，抽查人员的双眼就没闲着，地上地下，四处张望。忽然，路边一家超市门口几个人拿起扫帚簸箕，在门口忙乎起来。原来，超市发现有抽查人员到来，赶紧把门前的一些塑料袋、包装纸等垃圾和渣土迅速清理，前后只有一两分钟的时间。然而这一幕没能逃过北京市园林绿化有限公司的专家唐秋菊的双眼，她在评分表上"门前三包责任卫生"一栏给这条小巷扣除了1分。

在第二个抽查地点大街四里1号路，用油漆刷在地砖上的办证小广告就踩在脚下，几乎所有的抽查人员都在自己的评分表上扣分。在北大街四里4号路的一处楼门口，抽查人员还发现了几处堆放在楼门口的装修渣土，"我们经常跟居民沟通，希望他们清走，可居民就是不让动。"该辖区一位环卫负责人无奈地跟专家说。

来自海淀区环卫科研所的专家董雪青表示，从目前的抽查来看，小广告的问题比较突出，也应该是最难清理的部分，很理解辖区环卫清扫部门的难度。"目前小广告清理占环卫作业经费的6%，有这么大的投入，却没有达到效果，希望相关部门能够研...

此外，人员发现门前三包环境卫生、雨水箅

北京晚报

在相关文件下达一段时间以后，2013 年 12 月 10 日《北京晚报》刊登记者叶晓彦采写的《达标背街小巷到处都是小广告》，副题"检查人员质疑：清理费用占环卫作业经费 6%，为何没有达到效果"，文章写道：

"从今天开始，市市政市容委兵分多路，将利用一天半的时间。对城六区达标的背街小巷环境卫生进行抽查式验收。来自海淀区环卫科研所的专家董雪青表示，从目前的抽查来看，小广告的问题比较突出，也应该是最难清理的部分，很理解辖区环卫清扫部门的难度。'目前小广告清理占环卫作业经费的 6%，有这么大的投入，却没有达到效果，希望相关部门能够研究如何能根治'。"

"记者从市市政市容委了解到，城六区背街小巷共有 6249 条。截至目前验收达标共 3982 条，达标率达 63%—72%。其中丰台区达标率最高，为 69.84%，石景山区的达标率最低，为 60.03%。明年本市背街小巷验收达标率要达到 80%，推广小型机械在背街小巷的运用，提高机械化作业率。"

为什么"达标背街小巷到处都是小广告"？上述所言虽言之有理，但"背街小巷"的特殊社会治理属性也是问题所在，看来，清除小广告的范畴有待扩容……

集中整治40天

“重灾区”小广告还是没见少

本报记者 王东亮 实习生 徐颢哲 董禹含

从3月起启动的小广告集中整治已逾40天，记者上周起对本市挂账的小广告“重灾区”探访发现，“重灾区”并没有明显的好转迹象，二环路至四环路之间小广告总是在清理、复发之间轮回。

现象：“旧病复发”速度快

中关村大街一直是海淀区小广告高发区。因为突击检查，4月8日新中关商场广场地面上的小广告减少了不少。但4月11日傍晚，记者再次来到该地区，发现小广告“旧病复发”，地上被连续贴了内容相同的“刻章办证”小广告十余张。附近的保洁员也唉声叹气，称拿这些粘贴小广告的人没办法。

西三环公主坟也是小广告“重灾区”之一，桥区附近的小广告清理状况不容乐观，贴小广告的人员和清小广告的人员之间的“猫鼠游戏”一直在进行。4月8日下午，记者来到公交六里桥北里站，几位身穿黄色外套的首都公共文明引导员正在用清水和铲刀清理公交站牌上的小广告。

引导员孙聚成告诉记者，除了维持公交车站的正常秩序，清理小广告也是他们工作的一部分，但往往刚清理完，贴小广告的“小年轻”就趁他们换班或休息的一小会儿又给贴上了。

分析：“高压”只能管一阵儿

4月8日18时，记者来到中关村大街人民大学东门至北京大学东门，人行道地面、公交站牌、路灯杆等上的小广告大为减少，整治工作成效明显。负责清洁天桥上小广告的云瀚清洁工程公司的一名员工说：“最近抓得很紧，贴小广告的明显少了，我们的工作量大大减少。如果贴小广告的人被抓到，广告都会被没收。”但这种高压态势仅仅保持了5天。记者4月13日再次来到该路段时，小广告数量已经明显增多，间或还能看到粘贴小广告人的行踪。

4月11日14时，记者来到北京北站附近的地铁西直门站，基本没有看到小广告的踪迹。正在清理地铁口墙体上的残余小广告的唐杰科技环境管理分公司的刘师傅说：“现在西直门、北京北站这块儿对小广告抓得很严，我们公司组织专门的队伍负责清理小广告。”

在附近的北京大学人民医院周边，记者也未发现有贴小广告和散发小广告的人。人民医院的一位保安说，这里现在抓得很严，人又多，贴小广告的基本没什么机会。不过，路边的保洁员显然对保持这种局面不抱希望：“过两天城管、治安盯得没这么紧了，小广告就又回来了，他们还是能通过小广告赚到钱，不然不会总赖在这儿不走的。”她表示，之前历次对小广告的整顿结束后，小广告都会报复性增长。

特点：小广告按地域分类贴

在公主坟桥南一处公交站牌上，距地面1米以上的地方，“整整齐齐”地贴满了各色小广告，几乎遮住了站牌内容。记者调查发现，公主坟地区的小广告内容最为复杂，主要分为四类：第一，寻男士借精生子的广告。一位附近的居民告诉记者，因为这附近有些医院可以做试管婴儿，这些广告八成是冲着这部分患者去的；第二，KTV、夜总会等娱乐场所招聘工作人员的广告；第三，教育培训类的招生广告；第四，物流公司、保安公司等的招聘广告。

而在中关村地区，小广告主要分为三类：第一类是“刻章办证发票”类的小广告，最为“顽固”，几十米的路段有30个之多；第二类是“房屋出租”小广告，在高校附近比较多；第三类是“信用卡取现、代还款”类小广告。

在大学里学经济学出身的肖炫长期关注小广告发展趋势，他告诉记者，小广告出现按地域分类，表明广告主对附近的人群需求特征进行了详细的调查，“按需供应”小广告显然是为了达到非法利益最大化。“这说明广告主和发广告的人都做了‘功课’，最好的解决办法[illegible]摸瓜揪出藏在[illegible]益者，让他们承[illegible]进行民事赔偿。”

城市观察·小广告

北京日报

新政实施八个多月，有关部门在中关村等地对小广告展开“集中整治”，2014年4月19日《北京日报》记者王东亮，实习生徐颢哲、董禹含告知《集中整治40天，“重灾区”小广告还是没见少》，其中说道：

“从3月起启动的小广告集中整治已逾40天，记者上周起对本市挂账的小广告‘重灾区’探访发现并没有明显的好转迹象，二环路至四环路之间小广告总是在清理、复发之间轮回。中关村大街一直是小广告高发区。因突击检查，新中关商场广场地面上小广告减少了不少。但4月11日傍晚记者再次来到该地区，发现小广告旧病复发，地上被连续贴了内容相同的小广告十余张。公主坟也是小广告‘重灾区’，桥区附近的小广告清理状况不容乐观，贴小广告的人员和清小广告的人员之间的‘猫鼠游戏’一直在进行。”

上述“挂账”是个政务专用词，大概说的是重点未尽事宜。“久挂无果”道理何在？公交车站引导员告知“刚清理完”，小广告趁他们换班或休息又给贴上了。应该说这仅是缘由之一，而且还是很表象很边缘的缘由，与之相论，更深层更隐蔽的悬疑如若“久挂无果”，再好的初心，再好的政令，恐怕也会很快悄无声息……

2014年第一季度"干净指数"昨天发布，市民总体满意度有所提升——

小广告仍是城乡卫生"顽疾"

本报记者 刘可

昨天，市市政市容委发布2014年第一季度全市环境卫生综合考评结果，城区与郊区一升一降。城六区"干净指数"为81.56分，同比提升0.92分；郊区县"干净指数"为75.72分，同比降低2.4分。城区和郊区环境卫生各项评定显示，市民总体满意度均有提升，但小广告仍是主要卫生问题。

城区：市民卫生投诉下降两成

按专业考评、社会评价、问题评价5：4：1的权重计算，今年第一季度，城六区"干净指数"前三名依次为西城区、海淀区、丰台区。

据市市政市容委环境卫生管理处相关负责人介绍，第一季度城区群众反映少505个，降幅为23.96%，群众总体满意度及道路清扫保洁、市容环境、公厕服务和垃圾收运满意度同比略有提升，其中，建筑工地外围尘土飞扬、背街小巷和公厕不洁等问题反映数量同比明显减少。存在的主要问题是垃圾、渣土暴露问题，城乡结合部、交通枢纽和大学校园周边非法张贴、涂写、散发小广告较多等。

郊区：交通枢纽周边小广告严重

第一季度郊区县市容环境卫生"干净指数"前三名依次为门头沟区、延庆县、密云县。据介绍，为进一步提升郊区县环境卫生水平，今年市市政市容委加大了"背靠背"检查力度，严格执行检查标准，致使郊区县第一季度"干净指数"同比降低2.4分，环比降低了4.63分。市民总体满意度和对道路清扫保

洁的满意度均有升高，反映问题同比降幅为9.97%。随机抽样调查中，近三分之一的受访者反映非法小广告问题，特别是交通枢纽周边非法小广告问题突出，其次绿地和花坛垃圾暴露、门前"三包"区域环境卫生不洁等也是主要问题。

高速路：废弃物清理不及时

第一季度，市政部门对市界内的高速公路，城区范围内的园林绿地、河道、铁路沿线、旅游景区周边和城市轨道环境卫生进行了1199次检查，发现问题1848个，环比减少130个，降幅为6.6%。

主要问题包括高速公路废弃物清理不及时，共发现此类问题964个，占行业卫生问题总量的79.3%。辆设备、人员配置不及时到位。机场第二高速环境维护较好，问题

北京日报

2014年5月19日《北京日报》刊登了记者刘可采写的新闻报道《小广告仍是城乡卫生"顽疾"》，其中讲道：

"昨天，市市政市容委发布2014年第一季度全市环境卫生综合考评结果，城区与郊区一升一降。城六区'干净指数'为81.56分，同比提升了0.92分；郊区县'干净指数'为75.72分，同比降低2—4分。城区和郊区环境卫生各项评定显示，市民总体满意度均有提升，但小广告仍是主要卫生问题。"

"第一季度郊区县市容环境卫生'干净指数'前三名依次为门头沟区、延庆县、密云县。据介绍，为进一步提升郊区县环境卫生水平，市市政市容委加大了'背靠背'检查力度，严格执行检查标准，致使郊区县第一季度'干净指数'同比降低2.4分，环比降低了463分。"

尽管"干净指数"是全新概念，"卫生问题"是传统科目，但仅就小广告而言，将其单一纳入卫生范畴用"干净指数"参评治理，似乎略显平铺直叙。什么是城市卫生，虽行业有解，但我想说，城市卫生的清理物多为"无故意""无批次""无胶着"，因此，蓄意为之、恶意为之的"非法张贴物"本应不在其序列之中……

组织散发小广告最高罚百万

本市每天清理"牛皮癣"30万张　今年将加强非法小广告源头倒查

本报讯（记者　周敬启）环卫工人前脚刚清理干净，后脚一张小广告"啪"地被拍在墙上。地铁、公交站、小区周边遍地非法小广告，是本市多年来未能根治的牛皮癣。北京青年报记者昨日从市市政市容委了解到，本市每天清理非法小广告近30万张，广告内容主要涉及房屋租赁、非法一日游等。今年本市将加强小广告源头倒查，对屡教屡犯的印制、发行商业企业和个人按条例实施上限处罚，对于相关组织者最高可罚百万元。

自去年9月开始，市市政市容委对全市非法小广告高发区进行摸排，划定16个区县共191处非法小广告高发区。针对这些高发区，环卫作业部门加大清理频次，公安、工商、城管等部门加强监督和处罚。据统计，全市日均清理、收缴非法小广告近30万张。为此，全市设置增设1879块信息栏或宣传栏，便于房屋租赁等公共服务信息的有序发布。近来，这些区域非法小广告问题已有较大改进。

> 今年本市将加强小广告源头倒查，对屡教屡犯的印制、发行商业企业和个人将依照市容环境卫生条例实施上限处罚，散发小广告相关组织者可最高罚100万元。

为加大打击力度，公安、城管、工商等部门联合执法，半年多查处散发小广告人员1.3万人次，其中2519人次因散发涉黄、制假贩假广告，或在人流集中区域强行派发小广告扰乱治安秩序，被处以行政拘留。"更多时候我们是当场制止、口头警告。"市公安局相关负责人介绍，自去年5月以来，已收缴各类小广告500余万张，捣毁印制非法

小广告的窝点12个，另有550个小广告所印的电话被电信部门停机处理。

"查处散发小广告人员，只治标、不治本，对幕后商业企业的处罚力度还很不够。"首都环境建设办副主任吴亚梅表示，非法小广告既影响城市环境，又造成严重的人力、物力及资源浪费，应继续加大治理力度。市市政市容委副主任柴文忠表示，依照市容环境卫生条例，散发小广告可处以罚款最低一百元、最高一万元，相关组织者可罚最低一万元、最高一百万元。

城管执法部门负责人表示，今年将对非法小广告的源头加大查处。对印制、发行非法小广告的个人或商业企业、医院、教育机构、旅行社，先进行口头、电话训诫，屡教不改将按上限进行处罚，相关行业主管部门将严惩、或吊销营造相关牌照，打击非法小广告，屡教不改的散发非法小广告人员，公安机关将依法予以刑事拘留。

北京青年报

　　"小广告屡禁不止"是百姓吐槽的重点对象，但有关部门究竟尽了哪些心、出了哪些力似乎又不得而知。2014年2月14日《北京青年报》刊登记者周敬启采写的《组织散发小广告最高罚百万》，其中有些数据发人深省：

　　"自去年9月开始，市市政市容委对全市非法小广告高发区进行摸排，划定了16个区县共191处非法小广告高发区。据统计，全市日均清理、收缴非法小广告近30万张。为加大打击力度，公安、城管、工商等部门联合执法，半年多查处散发小广告人员1.3万人次，其中2519人次因散发涉黄、制假贩假广告，或在人流集中区域强行派发小广告扰乱治安秩序，被处以行政拘留。市公安局相关负责人介绍，自去年5月以来，已收缴各类小广告500余万张，捣毁印制非法小广告窝点12个，另有550个小广告所印的电话被电信部门停机处理。"

　　记者同时披露："依照市容环境卫生条例，散发小广告可处以罚款最低一百元、最高一万元，相关组织者可罚最低一万元、最高一百万元。"于此，本书89页曾有告知，2006年颁布的《北京市市容环境卫生条例（草案）》规定"对小广告处罚上限提至50万"，如今再标新高，想来是有些迫不得已……

前文书有说"2014 年全市日均清理收缴非法小广告近 30 万张"，一年半过后，情况好了许多。2015 年 10 月 7 日《北京青年报》刊登了记者李涛、汪震龙的图文报道《"暗战"黄金周，35 万张小广告如何被查》，看上去"35 万"不降反增，其实"除以 7"后平均每天 5 万张，果真有了很大突破。

文章还透露了许多新情况，其中谈道："草丛中、井盖里、厕所内，甚至是变电箱里，东华门城管队副队长张杰细心地检查着每个可疑之处，只因这里有可能是小广告的藏匿地点。这项细致的排查工作，东华门城管队每天都在进行，'十一'黄金周期间更是加大频率。'十一'黄金周期间，已经被严控的散发小广告行为在各大景区又稍有抬头，游客最为集中的长安街沿线更是防范重点。截至昨天，全市范围内共计查处小广告 35 万余张，面对'一日游'小广告季节性的局部反弹，每名城管队员都做出了自己的努力和'牺牲'。"

新情况不仅包括"今年已收缴非法小广告 287 万余张，训诫违法相对人 1.9 万人次，非法小广告近两年已退出城管热线举报前十名"，同时遇到黄金周肯定会有局部反弹，原因包括"'十一'期间发小广告也领双薪"……

变异

防不胜防鬼吹灯

BIANYI

FANGBUSHENGFANG GUICHUIDENG

20 多年来，小广告的不断变种，验证了"量变到质变"的客观规律，从手写到机打，从张贴到"盖戳"，从人扛到驴驮，从纸板到铁皮，从卡片到"夹报"，可谓无奇不有。然而，透过现象看本质，"小广告还是小广告"，再是古灵精怪，烧成灰也还是能一眼认出。

　　突然有一天，小广告摇身一变，先是"被发帖、被关注"《"牛皮癣"不贴电线杆改贴微博了》，后是"呼死我？气死你"《小广告升级使上二维码》，接下来《"黑广播"能覆盖核心城区》，接下来《男子用伪基站发短信，强撞警车拒捕》，最终记者设问《楼道里哪来这些"小白盒"》。桩桩件件，七七八八，虽说是近亲繁殖，但越弄越鬼，越变越坏。

　　尽管此时的"黑广播""伪基站"并非彼时的"小广告"，尽管其设备投入也非当年的原始所得，但前有车后有辙，一脉相传。

　　杞人忧天，不寒而栗。如此诡异与变异，早已超越了城市管理者的常态思维，甚至不客气地讲，"小广告"由此及彼的裂变路径，事先没有一个政府机构，没有一所国家智库有所察觉，有所拦截。倘若与时下"吃什么、怎么吃"的俗念、俗套做些比对，该学的太多，该想的太多。

　　据讲，坏到头、损到头的相关当事人因"涉嫌破坏公用电信设施罪"被警方刑事拘留。不管最终怎样定罪，似乎都有理由重提非法小广告之"原罪"。此外，无论是早先"纸制小广告"，还是后来无线传播传输的"黑广播""伪基站"，好像都在特定节点交上了不错的狗屎运，否则，功率怎么会一下飘到 8000 瓦，否则，原本挺大挺笨的设备怎么会一下缩成便携的"双肩包"……

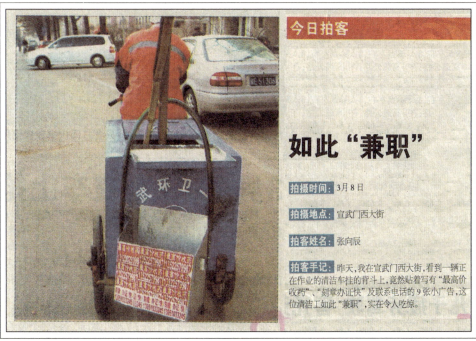

如此"兼职"

拍摄时间： 3月8日

拍摄地点： 宣武门西大街

拍客姓名： 张向辰

拍客手记： 昨天，我在宣武门西大街，看到一辆正在作业的清洁车挂的背斗上，竟然贴着写有"最高价收药"、"刻章办证快"及联系电话的9张小广告，这位清洁工如此"兼职"，实在令人吃惊。

　　小广告变异同样"循序渐进"。2007年3月9日拍客张向辰通过《竞报》披露，一辆清洁车背斗上竟然贴满"高价收药""刻章办证"等小广告，此情此景，实在令人吃惊不已。

印章墨盒在手　往路面上印制小广告　昨晚　在西坝河东里

女孩沿街"盖戳" 城管当场制止

　　小广告先是贴，后是现场打印。2007年8月6日《法制晚报》记者于佳披露，城管队员在夜查中发现，一名女孩手拿印章和黑色墨盒，沿北三环东路便道每走几步就蹲在地上印一下。

活驴游街做广告

城管表示：用动物做广告并不违法，但城区的街道禁止饲养牲畜

　　本书多次使用"蹬鼻子上脸"，但想不到居然会上了"驴脸"。2007年6月18日《竞报》记者任艳、赵丰果告知，"身披广告的毛驴游走街市为驴肉馆做活体广告"让城管大伤脑筋。

"广告宣传车"　5月30日傍晚，北京安定门地铁站口，一辆电动自行车上贴满出租房屋的小广告，足有四五十张，吸引了不少过往行人的目光。　　　　　　　　　芳芳 摄

　　5年后，毛驴变成"电驴子"。2012年6月2日芳芳通过《新京报》披露，一辆电动自行车贴满出租房屋的小广告，足有四五十张，吸引了不少过往行人的目光。

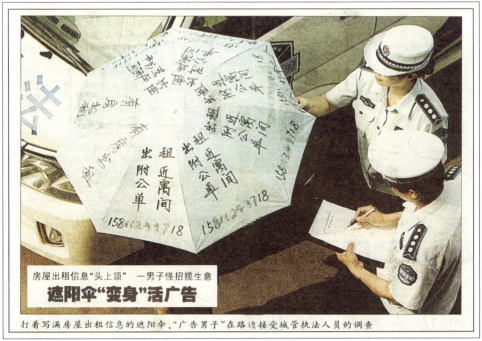

房屋出租信息"头上顶" 一男子怪招揽生意
遮阳伞"变身"活广告

打着写满房屋出租信息的遮阳伞，"广告男子"在路边接受城管执法人员的调查

　　2008 年 7 月 28 日《法制晚报》记者曹博远告知，路边一男子打着一把写满房屋租赁广告的遮阳伞，执法人员说，这种行为属于变相非法广告，违反《市容环境卫生条例》。

3G
送 1200 元话费
(630)

背上"广告栏"

　　2010 年 2 月 23 日《北京晚报》刊登张玉军拍摄的照片，告知在中关村、亚运村等地手机市场内，看到营业人员背上都贴上优惠广告招揽人气，成为流动的广告栏。

小广告借晾衣竿"爬"至4米高

铁板小广告

6月15日，宋庄路。一个铁板做的小广告挂在电杆上。现在京城有各种质地的小广告，有木质的，纸质的，现在有人又用铁板来做出租小广告了，影响了市容环境。　森森文并摄

上左图——《小广告借晾衣竿"爬"至4米高》

"道高一尺，魔高一丈"本书也用过几次，但这次最为形象。2012年2月21日《北京日报》刊登记者金可、通讯员叶楠的图文报道，告知，东城城管队员在巡察中发现，这种"新式武器"使非法小广告越贴越高。晾衣竿可伸缩，顶端分叉，最长可达3米，张贴时将广告下半部分贴住竿头，轻轻往墙上一贴广告就贴住了，前后不到两三秒。被抓现行的年轻男子说："现在撕广告的太快了，贴高了就不容易被撕掉。"该男子的张贴工具和小广告全部被没收，并接受了300元的罚款。

上右图——《铁板小广告》

世人皆知小广告是纸质非法张贴物，突然有一天，变异为不怕风吹雨打的悬挂物。2012年6月27日《北京晚报》刊登森森提供的图文报道，其中说道："宋庄路。一个铁板做的小广告挂在电杆上。现在京城有各种各样质地的小广告，木质的、纸质的，现在有人又用铁板来做出租小广告了，影响了市容环境。"

北京晚报 2013-04-08

9 民生

我们日夜在玲听

市政府
12345
市情与民声

高架桥上 指路牌上 高层楼房的外墙上

涉赌小广告越贴越高

"贴在地上或墙上的小广告还好清理，贴在四五米高路牌上的小广告怎么办？"昨天有多位市民向市非紧急救助服务中心12345集中反映了本市很多地区有"高空小广告"的现象，很多小广告贴得位置实在高不可攀，指路牌、楼身甚至桥身上都有小广告的身影。昨天下午市信访办工作人员和记者走访本市多个地区，发现"高空小广告"现象确实不少，多位环卫部门的工作人员表示还不知道这些广告是怎么贴上去的，家住天通苑附近的市民李先生说，这些小广告清除起来十分困难，他建议一定要严惩不法分子，防止这些小广告蔓延开来。

地点一

时隔一年，小广告"爬至 4 米高"已不算回事。2013 年 4 月 8 日《北京晚报》刊登记者景一鸣、通讯员李祥禄采写的图文报道，其中说道："'贴在地上或墙上的小广告还好清理，贴在四五米高路牌上怎么办？'昨天，多位市民向市非紧急救助服务中心 12345 集中反映本市很多地区有'高空小广告'现象，很多小广告贴得位置实在高不可攀，指路牌、楼身甚至桥身上都有……"

为使阅读效果最大化，本书使用了不少相关图示，然而，图是图，画是画，与旧时逗您开心逗你玩的"拉洋片"截然不同。话虽这样讲，理虽这样论，但看了上图仍会不由得苦笑，纵然会飞，他也得在半空忙会儿呀……

多路公交车现奇怪小广告

神秘号码打通即挂断 "电话吸费"、"暗号招聘"引猜想

"高价收购土匪、地痞、流氓……盗贼、禽兽、人渣。"这则标题为"蠡贼多"的小纸片，在北京市多路公交车和全国多地都出现过。指向性模糊，留下的电话号码也不同寻常，让很多市民摸不着头脑。

公交车现奇怪小广告

"坐公交的时候看到的小广告，刚开始还以为是蟑螂药广告，再仔细一看，发现根本不是。"一名网友称，在635路公交车座后背看到一张"蠡贼多"的小广告，非常好奇是干什么的。"这是小偷公司？谬言买卖？还是警察叔叔的陷阱？电话号码还多了两位，跪求真相！"

昨天下午，记者在两辆635路公交车座后确实见到了"蠡贼多"小广告。记者发现，小广告都被插进车座后背上原有的广告牌内，而且大部分是在后几排的车座。

小广告是一张名片大小的单面印刷小卡片，上边有"蠡贼多""高价收购土匪、地痞……人渣"等字样，下方还留下了联系电话，但位数是13位。

随后，记者向网上搜索得知，北京市的115、特8路公交和外地都曾有人发现这则小广告，联系电话也相同。

小广告对暗号招聘？

"高价收购的那些都不是什么好人，莫非是有人在招揽'人才'，准备个个强盗集团？"有人猜测，可能是有人在招揽同行，或者是有人设计好陷阱打击坏人。"留下的电话是密码或者暗号吧，看来做戏也得懂科学啊！"

随后，记者向几名密码学爱好者咨询，试图验证该电话号码是不是密码或暗号。一名码号爱好者

奇怪电话会吸费？

莫名其妙的广告内容，加上不同寻常的电话号码，让网友很纳闷。有网友猜测，小广告上只有电话号码是具体的数字，会不会是想让人拨打电话，而这个电话会吸费呢？

昨天下午，记者试着拨打了小广告上的13位

的信息，只是归属地在山西太原。

小广告……

在一辆635路……牌抽出的蠡贼多……"又有了啊！"售票员告诉记者，春节之后，车上

此前夹叙夹议虽然不乏光怪陆离，但本文所示情景则让您云里雾里不明就里。2013年6月14日《北京青年报》刊登记者刘光博根据朱先生提供新闻线索采写的《多路公交车现奇怪小广告》，其中说道：

"一名网友称，在公交车座后背看到'蠡贼多'的小广告，非常好奇是干什么的。售票员称，她也不知道这些广告到底是干嘛的，他们看到了都得及时清理，每次清理都得把螺丝卸下来，把广告牌拆开才能拿出来。记者在两辆公交车座后确实见到了'蠡贼多'小广告，都被插进车座后背上原有的广告牌内，而且大部分是在后几排的车座。小广告是一张名片大小的单面印刷小卡片，上边有'蠡贼多''高价收购土匪地痞人渣'等字样，下方还留下了联系电话，但位数却是13位。"

浮想联翩，我欲无言。如果日常工作中按照"涉及'一日游'由旅游委牵头""涉及'卖假药'由食药局负责""涉及'假发票'由税务局负责"的路数往下走，真不晓得管束"蠡贼多"或"蠡贼少"该如何归口，整顿"收购土匪地痞人渣"该如何应对，更不晓得万般蹊跷的"13位号码"，让擅长"与钱共舞"的电信部门该怎样排查……

9 北京

小广告模仿交通违章罚单 吓了车主们一跳

这样的广告创意招人恨

"这么干也太缺德了！我还以为车被贴条了！"昨天，市民赵女士拿着从车窗上扯下来的小广告单，向周遭朋友怒斥洗车公司的馊主意。因为这小广告长得太像违章停车告知单了，而且贴的位置都一样。看到小广告的那一瞬间，赵女士确实被吓了一跳。

"处罚单"吓坏车主

赵女士告诉记者，她住在丰台区成寿寺路附近的一个小区里。因为是老旧小区，停车位不足。每天下班回家，院里的车主都要"抢车位"，抢上的心满意足、踏踏实实回家吃饭睡觉。抢不上的，就要心惊胆战地将车停在路边过夜。

"我们这条街上老旧小区不

**律师说法
"处罚单"
涉嫌虚假宣传**

宣传单真的得到了爱国卫生运动委员会的认可吗？记者联系到了丰台区爱国卫生运动委员会，得到的答复却是，爱卫会属于政府部门，不可能随便认可一家洗车公司盖章。

对于公章一事，汇源律师事务所魏晓东律师认为，伪造机关、单位印章是属于伪造的范围。虽然

北京晚报

2015 年 7 月 15 日《北京晚报》刊登记者刘琳采写的《这样的广告创意招人恨》，告知"小广告模仿交通违章罚单，吓了车主们一跳"。其中说道：

"'这么干也太缺德了！我还以为车被贴条了！'昨天，赵女士拿着从车窗上扯下来的小广告，向周遭朋友怒斥洗车公司的馊主意。因为小广告太像违章停车告知单了，而且贴的位置都一样。记者看到，小广告上印着'滴滴机动车管理处罚通知单'字样，从远处看，与交管部门开具的违法停车告知单非常像。'处罚单'分别写着处罚原因、处罚内容和联系方式。宣传单大意是，这辆汽车的清洗不到位，车主须在 7 天内与滴滴洗车联系，否则将会持续被贴条。单子的右下角不仅印着两个二维码，还盖着'爱国卫生运动委员会'的红色公章。"

此文所述与"蠹贼多"有一比，包括"小广告"不再是闲散人员无名之辈，不再是师出无名的黑心作坊，不仅很有创意很有脑力，很有歪才很有怪癖，同时还"知法、懂法"，杜撰出有名无姓、有名无实的"爱国卫生运动委员会"，让治理"私刻公章"的干着急，让稽查"无照经营"的没脾气，虽然不清楚如此刁钻是从哪学来的，但是谁"无意中惯出来的"却不言自明……

宣传保健品 到报纸分发点搞公关 声称夹带一份给5分钱

小广告"傍"报纸 执法人员一把收

　　非法小广告在"传统领域"还有哪些变异？换言之，在"纸制印刷品"范畴还有哪些变种？2008年1月9日《法制晚报》刊登记者洪雪、曹博远采写的《小广告"傍"报纸，执法人员一把收》，其中说道：

　　"在某报社门前，10多个销售商正分发刚刚印完的报纸，两名男青年提着两大捆保健品小广告走了过来。'夹带一份广告给您5分钱，一个月额外可以挣300多元。'男青年在报摊主间游说着。见有人开始伸手接小广告往报纸里插，在附近蹲守多时的执法人员上前将两名男子控制。"

　　时隔多年，2014年5月16日《北京晚报》刊登出苏文洋《不给缺德商人赚钱机会》，告知街头巷尾的非法小广告其实"是最低级的，稍微高级点的是夹杂在正规出版的报刊中。有些非法小广告居然打造得像正规报刊广告一样，插入报刊中送到订户手上"。

　　苏先生是我老友，文笔好生了得，目光好生敏锐，讲述完"夹报广告"的普遍性和危害性以后，话锋回转，一语道破了"非法小广告堂而皇之插入正规报刊"的症结所在，原来"没有家贼，引不来外鬼"……

"牛皮癣"不贴电线杆,改贴微博了

新华社福州3月28日专电(记者沈汝发 周竟)微博已成为很多人生活的一部分。据中国互联网络信息中心1月发布的第29次《中国互联网络发展状况统计报告》,2011年我国微博用户数量已达2.5亿,使用微博的网民占网民总数的比例高达48.7%。然而,这一新兴的社交网络也遇到越来越多管理困境:微博"盗号"愈演愈烈、网民频繁遭遇"被发帖""被关注";越来越多网民被小广告包围,不堪其扰……

微博"盗号"频现 账号安全成忧

近期,记者在新浪微博上遭遇一系列"被发帖"事件。2月27日,记者在毫不知情的情况下发布一条微博:想变瘦的童鞋心里一喜,并粘贴了一条网址链接,点击进去是条关于减肥的广告。2月28日又被转发一条减肥广告,并被评论:真的很不错。3月4日、9日、11日、19日又被连续发布几条广告微博。不仅如此,记者还被加入某选秀歌手的微群;又被多次转发关于电视剧的微博——一条关于"牛皮癣"。

记者查看微博账号看到,最近三个月内,记者仅在福建和江苏两地登录过,但出现的登录地有广东汕头、贵州毕节等等10多个地区,甚至还有在美国加利福尼亚登录的记录。

据了解,微博"被发帖""被关注"的现象并非个别,记者联系新浪客服证实,网民微博账号被恶意盗取的现象屡见不鲜,主要被用来发布广告、虚假中奖信息等内容。

据了解,目前很多网民的个人微博都已成为其微型主页,微博主习惯通过微博私信或评论与好友沟通交流,"粉丝"也大多是亲朋好友,存在相当高的安全风险,极易被黑客利用在线欺诈。

同时,随着社交商务的快速发展,大批企业员工活跃在微博上以企业信息在社交网络中快速流通,涉及各种公司的市场活动、客户服务、人员招聘、产品战略等,这些企业信息具有极高的价值。

据国内知名网络安全公司奇虎360公司介绍,盗号分子在获取微博账号密码后,会盗用微博账号来刷粉丝,发布的鱼链接和其他广告信息。同时,还会以评论和转发的形式诱骗正常微博用户点击钓鱼链接,以此牟利。

小广告包围微博 网络"牛皮癣"疯狂

微博小广告也让网民烦恼不已,成为新一代网络"牛皮癣"。

"我一提'减肥',减肥产品的评论广告就出来了。"名为"排骨汤圆"的网民在微博上刚发了条励志减肥的帖子,就发现后面跟了条陌生网民的回复:亲,我一个朋友蛮厉害的,用了四个月时间从141斤到99斤……"评论中还附着博客链接地址,点击进入后是一家专卖减肥产品的淘宝店。

微博上的"牛皮癣"广告已无孔不入,不少网民反映,说想喝茶,茶叶广告就来了,说天冷,羽绒服的卖家就找上门。网民"我是云茅"说,她没有发表任何招来广告的暗示性微博,却同样被骚扰,"都是些化妆品、衣服、减肥产品,我都不知道他们怎么找上门的。"

记者调查发现,随着微博日益火爆,很多商家将其当做营销和宣传的新兴渠道,发送、推送评论,"@"潜在消费者是他们惯用手段,这也是小广告的主要来源。

记者在淘宝网输入"微博 营销"关键词,即跳出相关宝贝2786件,这些网店多数宣称能进行加粉、转发、评论等微博营销,并发现微博营销生意兴隆,最多的在一个月内已成功做成一万笔生意,同时价"价廉物美",100条评论一般不会超过10元。

记者随机挑选了一家名叫"蜡笔小新没打扫小怪兽"专门进行微博营销的卖家,该卖家称,他们有专门的团队从事运作,100条评论6元,1000条转发为8……

乱象敲响警钟 管理亟待加强

"量变到质变"是早年间解析辩证法时离不开的经典语录,不承想,到头来又让小广告给补了一课。2012年3月29日《新华每日电讯》刊登记者沈汝发、周竟采写的《"牛皮癣"不贴电线杆,改贴微博了》,其中说道:

"微博已成为很多人生活的一部分。据中国互联网络信息中心1月发布的第29次《中国互联网络发展状况统计报告》,2011年我国微博用户数量已达2.5亿,使用微博的网民占网民总数的比例高达48.7%。然而,这一新兴的社交网络也遇到越来越多管理困境:微博'盗号'愈演愈烈,网民频繁遭遇'被发帖''被关注',越来越多网民被小广告包围,不堪其扰。"

记者坦陈"微博小广告让网民烦恼不已,成为新一代网络'牛皮癣'。乱象敲响警钟,管理亟待加强"之余,同时转述了"对于让网民备受困扰的小广告,有关人士认为,微博运营商对那些不想接受广告的网民应予以保护和尊重,从技术上对其进行屏蔽、过滤,如果商业味道太浓,将会影响微博的健康发展"。

此情此景,此言此语,让此事关注者不寒而栗。或许是自作多情,或许是杞人忧天,总之,这样的诡异与变异,才够得上是不容小觑的"量变到质变"……

小广告升级使上二维码

城管部门表示这也属于违法行为但目前处罚有难度

蛇年春晚中，小品《大城小事》里乱发小广告的兄弟俩给观众留下了深刻印象，"你们不拿这儿当家，这儿怎么把你们当亲人"的台词也引发了无数人共鸣。在欢笑过后，如何从根源上治理小广告，也成为人们深省的话题。不过，科技的飞速发展让小广告也改头换面"与时俱进"。春节后，网友"路不宵"发微博称，他在北京三元桥地铁站附近，发现街头小广告已经不再留电话号码，而是改留二维码了。

出国办证
全市最低
请扫一扫

网友
这广告不留电话留二维码

这条微博发布的时间是2月17日下午5时。微博中，网友贴出了一张照片。照片中一张名片大小的纸片上印有"出国办证全市最低，请扫一扫"的字样，名片右上半边却有一个黑白相间的二维码图形。"小广告也跟上发展的步伐了，亲！""这下城管傻眼了"、"看来春晚的那个帖小广告的落伍了"……二维码小广告的出现引发网友们一片感叹。截至今天，这条微博已经被网友们转发了3000多次。

不过，记者通过手机"扫一

发布方
这只是创意并非小广告

"想当年也曾到电线杆上的办证传单留过微博的地址，但不得不承认在建立联系这步二维码是比微博地址要方便，而现在微博也有了二维码，但看起来推广力度和使用率不高。大家扫一扫就知道到底是什么了，营销大才啊！"、"高级黑，这是微信下载链接。"记者看到，不少网友好奇一试后，都大呼上当，认为这是传统意义上的"办证"，而是一种新型的微信营销手段。

今天上午，记者联系到发布该"小广告"的公司。据工作人员介绍，二维码小广告是公司同事想出

城管
这就是小广告但处罚有难度

这到底是一种新的营销手段，还是"城市牛皮癣"？网络争议不断，有人认为这是一种创意，无伤大雅，今后自己的名片也可以借鉴这种新手段。但更多的网友则认为，无论上面印的是电话还是二维码，这其实就是在散发小广告。因此，也有不少人担心，如果今后的小广告都用上二维码，巧妙避开了城管的"呼死你"，那么小广告治理岂不功亏一篑了？

今天上午，记者致电朝阳城管大队。工作人员表示，这种非法印制、散发、张贴行为应属于违法行为，但目前还无法处罚。"平时的小广告上印有电话，我们会录音取证，之后给予处罚。但二维码

提醒
二维码别轻易扫

二维码是一种通过图输入设备或光电扫描设备，自动识读以实现信息自动处理的技术。随着二维码应用的不断扩大，它已经成为手机病毒、钓鱼网站传播的新渠道。其中一部分病毒、

手机软件专家介绍，扫描二维码有时候会刷出一条链接，提示下载软件，而有的软件一旦下载……

2013年2月19日《北京晚报》刊登记者刘琳采写的《小广告升级使上二维码》，告知城管部门表示"属违法行为但处罚有难度"，其中写道：

"网友发微博称，在北京三元桥地铁附近，发现街头小广告已经不再留电话号码，而是改留二维码了。这到底是一种新的营销手段，还是'城市牛皮癣'？网络争议不断。有人认为这是一种创意，无伤大雅，今后自己的名片也可以借鉴这种新手段。但更多的网友则认为，无论上面印的是电话还是二维码，这其实就是在散发小广告。因此，也有不少人担心，如果今后小广告都用上二维码，巧妙避开城管的'呼死你'，那么小广告治理岂不功亏一篑了？"

"带着上述困惑，记者致电城管大队，工作人员表示，这种非法印制、散发、张贴行为应属于违法行为，但目前还无法处罚，因为'平时的小广告上印有电话，我们会录音取证，之后给予处罚，但二维码就无法进行录音取证了'。"

不清楚上述所言"二维码"听到没有，但愿那些"城事造孽者"只顾低头犯坏忘了抬头看报，否则"无法录音取证"或是"难以录音取证"，都会让其没事偷着乐，直到乐出五光十色的鼻涕泡……

垃圾信息泛滥，可否重典治乱？

李浩燃

治理垃圾信息，不能永远在路上。我们呼唤企业、运营商流淌"道德的血液"，但更应以严厉的规矩织紧"制度的篱笆"

评论员观察

前文所述"小广告直接打进手机里"又被称为"垃圾信息"，从哪年露的头不是很清楚，但其"源于小广告、高于小广告"则是不争的事实。2014年12月8日《人民日报》刊登李浩燃撰写的"评论员观察"，严肃设问《垃圾信息泛滥，可否重典治乱？》，其中说道：

"临近年底，五花八门的垃圾信息纷至沓来，成群结队地蹿入人们的手机和电脑。当电线杆上的'牛皮癣'在网络时代不断变种，垃圾信息更加令人生厌，却又常常无可奈何。不禁要问：为什么有人肆无忌惮乱发骚扰信息？为什么那么多婆婆管不好一条信息？为什么一个老生常谈的话题却常谈常新？究竟是道高一尺魔高一丈，还是技术手段有限、监管力度不够？"

明者的特征包括"在提出问题的同时一并谈及解决问题的思路"，记者接下来讲，"国外的经验可资借鉴。治理垃圾信息要想形成合力，必须立法、执法并举，明确监管的主体责任，改变'九龙治水'的状况"。

此文让我较早感知到"九龙治水"的弊端，除去百姓常说的"龙多四靠"，近年多有谈及的"无缝对接"也让人联想多多，九条龙，几道缝？真得好好想想……

127

相比"改贴微博""升级二维码"来说，小广告最是"蹬鼻子上脸"当属竟敢利用"黑广播"造孽。2014年6月11日《新华每日电讯》刊登了记者公磊采写的《北京"黑广播"能覆盖核心城区》，告知"近两年北京查处非法设置广播电台案件数量呈现上升趋势。在不久前该局查获的一起案件中，缴获设备的功率达到8000瓦，可以覆盖北京市核心城区"。

2015年7月8日《北京青年报》刊登记者李涛采写的《谁在用"黑广播"发广告?》，进一步披露"黑广播"如何黑与如何用，并举例说明："租用高层居民楼顶层，在北京7个区县内设置了10处黑广播反射窝点，每个频道每月收费5万元，播的大多数是男性保健品和其他保健品类广告，昨天北京警方证实，这个利用'黑广播'非法牟利的犯罪团伙已被北京警方打掉，查扣广播设备14套，涉案金额数百万元，6名团伙成员全部归案。"

文章配图说的是"北京市无线电管理局展示2014年查获的功率达到8000瓦的'黑广播'设备"。作为外行，既不清楚广播设备抑或"黑广播设备"分有多少等级，也不明白从小功率到大功率、超大功率，"黑广播们"需要完成怎样的升级与递进……

一天端掉20多个窝点　割了一茬又冒出一茬

"黑电台"为啥这么难打？

屡打不绝　　　　新华社发 徐骏 作

据新华社沈阳6月13日电(记者范春生、张逸飞)兜售假劣药品、骗人钱财、电磁辐射威胁居民健康和民航安全……近年来，私人非法架设广播电台造成的社会治安案件高发。针对此，辽宁沈阳多部门联动开展打击"黑电台"行动，两年多来打掉"黑电台"300余个，其中仅2016年前4个月就打掉66个。

一天端掉20多个，"打'黑电台'就像割韭菜"

案件19起，2015年更是打掉225个。到了2016年，4个月的时间里又打掉66个。"

"黑电台"即非法广播电台，是未经广播电视管理部门和无线电管理机构批准，擅自设置并利用广播频率向社会进行播音(广告)宣传的"广播电台"。

据了解，"黑电台"发射机的功率大，多安装在民宅内，有些大功率的"黑电台"功率可超过3000瓦。"黑电台"还对民航安全构成威胁，2015年1月9日深夜，大连机场导航信号受到播放药品广告的非法电台的干扰，导致机场当天夜间4架着陆航班冒降信号不稳定，影响后续航班正常运行。

为加强力量打击"黑电台"，2016年1月21日，沈阳市文化市场行政执法总队、沈阳市无线电管理委员会办公室、沈阳市公安局等多个部门举行联合行动，开展集中整治行动，一天端掉20多个窝点。

八成以上卖性药 "快的几天就回本"

"黑电台"两年前还是新鲜事物，一套设备价值2万元。如今一套"黑电台"设备几千元

违规药品为主，而其中所谓的性病药品占到80%以上。一剂十几元的劣药会被忽悠到上千元。模仿、冒充正规电台播音主持人，一步步引人上钩，成为"黑电台"的惯用伎俩。

"黑电台"的发射机一般通过网购即可获取。一位不愿透露姓名的卖家称，自己有发射机和天线，共8800元，可配置远程手机控制广播接口，覆盖范围达到10公里。如果需要远程控制，可以通过再购买相关设备实现。"购买这些设备的，都是用来做电台广告的。"

公安部门相关负责人透露，"黑电台"所推销的药物由固定厂商提供，50元成本就敢卖到2000元。一旦有药品成交后，"黑电台"人员就可以拿到一笔提成，加上基本工资，收入相当可观。

作案手段日趋隐蔽　根除"黑电台"需多措并举

记者在采访中发现，随着打击力度不断加大，不法分子架设黑电台的手段也越来越隐蔽。沈阳……向记者介绍，有些"黑电台"安装在空无一人的

新华每日电讯

困于工作特点，本书报摘多为平日阅读的京城媒体。听话听声，锣鼓听音，相信任何一位读者也不会误以为"'城市牛皮癣'只和北京过不去"。小广告如此，黑广播亦如此，2016年6月14日《新华每日电讯》刊登记者范春生、张逸飞采写的报道《"黑电台"为啥这么难打？》，其中说道：

"近年来，私人非法架设广播电台造成的社会治安案件高发。针对此，辽宁沈阳多部门联动开展打击'黑电台'行动，两年多来打掉300余个，仅2016年前4个月就打掉66个。一天端掉20多个，打'黑电台'就像割韭菜。"

为什么"黑电台"形同韭菜，文章透露，"根据我国现行无线电管理相关条例，对于非法电台的处罚最高只有5000元。专家认为，应借鉴对私设'伪基站'的打击行为的有效做法，加快司法解释，同时建议公安、无线电管理、工商、广播电视等相关部门加强协调配合，合力打击，铲除隐患"。

细说起来，无论小广告还是黑电台，前缀语均有"非法"二字，于此有点整不明白，非法即违法，违法即犯法，如果"合法电台"等同一般商户也就罢了，问题是，那边厢发声要有武警站岗，这边厢黑着广播大不了"罚5000"走人……

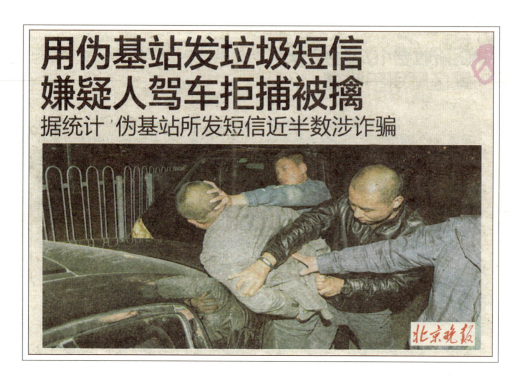

用伪基站发垃圾短信
嫌疑人驾车拒捕被擒
据统计 伪基站所发短信近半数涉诈骗

北京晚报

　　几乎是与"黑广播"作恶同步，小广告还摇身变为"伪基站"。如同"黑广播"，只要弄明白什么是"广播"，就能理解"黑"为何意，同样，只要搞搞清楚"基站"何指，瞬间也就明悟"伪"字由来。

　　2016年4月9日《北京晚报》刊登记者张蕾等人采写的《用伪基站发垃圾短信，嫌疑人驾车拒捕被擒》。于此，《新京报》记者李禹潼在《男子用伪基站发短信，强撞警车拒捕》一文里写道：

　　"东城分局治安支队第二战训大队接到线索，在朝阳门桥附近有辆可疑车辆，民警怀疑车内人员正在操作伪基站设备发送垃圾短信。办案民警介绍，当时嫌疑人辩称只是在发短信玩。随后民警在其车上查获伪基站设备一套，屏幕显示每条短信发送数量在5000条到7000条不等。当天，民警还在蒋宅口、环球贸易中心附近查获5名使用伪基站发送垃圾短信的嫌疑人。据查，这些垃圾短信涉及销售假发票、刻印假印章、售卖京牌等。"

　　据讲，当事人因"涉嫌破坏公用电信设施罪"被警方刑事拘留。不管最终怎样定罪，都有理由重提非法小广告之"原罪"……

一台伪基站设备成本不超一部普通智能手机　日赚上万元并不稀奇

北京环路沿线伪基站最活跃

对于每一位手机使用者来说，收到不法分子利用伪基站发出的各种骚扰诈骗短信几乎是家常便饭。那么，这些令人厌恶的信息是如何通过伪基站发送的？伪基站又是一个什么样的设备？用伪基站诈骗的团伙是如何运作的？北京青年报记者就此进行了调查。

『背包客』伪基站

北京青年报

时隔数日，2016 年 4 月 18 日《北京青年报》刊登了记者任笑元的新闻调查，《北京环路沿线伪基站最活跃》。文章告知，基站是为手机提供信号及信息接收发送的"大号路由器"，而伪基站则是伪装成运营商基站借此"获取手机信息、发送垃圾短信"的非法无线电发射装置。

文章讲述了垃圾信息如何通过伪基站发送、伪基站究竟是什么样的设备、用伪基站诈骗的团伙又是如何运作的之后，披露了一条耸人听闻的消息，原来"现在的伪基站竟然能放到双肩包里"，其中说道：

"就像笔记本越做越轻巧，伪基站设备近年来也日益轻薄小巧。此前公安机关破获的多起案例信息显示，有的伪基站设备有些放在汽车后备箱里，有些放在电动车座椅下，近年来更有一种所谓的'背包客'伪基站，他们将伪基站藏匿于双肩背包中，行走于闹市街头，向周围手机用户发送垃圾短信，稍有风吹草动，他们就关闭设备躲藏起来，给伪基站治理带来极大挑战。"

如何应对这一"极大的挑战"，看来"群防群治"很有必要，譬如荧屏上少一些可有可无，多一些提示警示，从而让"背包客"行走起来别那么优哉游哉……

楼道里哪来这些"小白盒"？

东坝地区不少居民楼里发现大量"白棋子儿"竟是发小广告用的

北京晚报 2016-03-12 周六
责编／周家望
设计／李丽云　校对／吕亦文

9 北京

数百个"小白盒"突然出现

昨天傍晚，记者来到位于东坝地区的金驹家园社区，社区的安保员，还在谈论着白天从楼道里发现的数百个"小白盒"。因为不知道其用途，为了避免居民们恐慌，安保人员按照物业要求，已将这些小东西从居民楼中取出。

"好几百个，我们都忙不过来了，还有个别的没取出来。"在安保人员的陪同下，记者来到了社区9号楼15层，一出电梯口，便能看到楼道墙面顶端，贴着几根管线，线路后面，就藏着一个白色的圆形小盒子。墙和线都是白的，"小白盒"就如有着保护色一般，很难察觉。安保人员拿起水果，费了半天劲，才算把贴在墙上的"小白盒"取下来。

在社区物业办公室安保部，工作人员告诉记者，最初发现这些小东西的，是社区的安保人员。在得知居民们对这些东西担心后，物业决定把这些东西从楼里取出来。社区共有10栋居民楼，每栋15层，几乎每层都被安装了这种东西。据了解，东坝地区至少有5个社区都被大量安装了

会，也联系了电信、联通等单位，在确定这不是通讯部门增设的服务设施后才动手拆除。

"不管是做什么用的，在不经过物业、居民同意的情况下，便擅自进入居民楼安装，已经违法！"工作人员说，这些小白盒目前被拆下后已进行集中销毁，物业也已经就此问题联系公安机关。

电子小广告的推送器

到昨天下午，有关东坝"小白盒"的消息已经在微博中转发了多条，而且越说越邪乎。微博中提及这些小白盒可以准确判定居民们的手机型号、手机位置等信息，可以截取居民们的通话记录、短信信息，甚至搜到有可能窃取重要信息，这些小白盒真的这么神吗？

"这不就是iBeacon吗？"记者也向信息技术部门进行了求助，业内人士告诉记者，这个小白盒来源于2013年9月苹果公司推出的一项技术设备，但从做工来判断，倒不一定是苹果的产品。这个小东西并没有居民们说得那么神通广大，并无信息窃取系统。它的作用是通过手机内安装

知道内商户位置、经营项目等信息，购物相当方便，但从没听说这个设备的服务领域会进入居民楼内。"通过这种设备在居民楼里推送广告等信息，这和在楼道里随意贴小广告有什么

在这些"小白盒"的侧面，印有一个条形码，经记者查询，"小白盒"出自北京一家信息技术有限公司，记者登录该公司的官网，发现公司的服务对象为零售、餐饮、广告等，并无社区的相关项目。随后记者联系到了该公司营销管理服务部门工作人员郭先生，他说，公司的产品目前可通过微信，利用蓝牙实现与用户的对接，通过微信"摇一摇"，可以接收商家的广告、优惠券等信息，如果用户不主动与设备对接，也不会接收到该设备发送的任何信息。对于这些设备为何会大量出现在社区居民楼内，郭先生则表示，目前本市该设备的生产厂家很多，这些设备究竟是不是出自他们尚不确定，他需要联系市场部了解情况后再做答复。

事后记者用微信"摇一摇"设法与"小白盒"进行"沟通"，但并未接收

昨天，朝阳区东坝地区出了个怪事，包括东坝家园、金驹家园在内的5个社区居民楼中，被人安装了数百个棋子儿大的"小白盒"。这些白色的圆形小盒内有一块插有电池的芯片，盒子藏匿于墙壁管线之间，很难被发现。对于这些盒子的用途居民们进

在有关"传统小广告"的变异、变种、变态里，讲述了夹报、微博、二维码、黑广播、伪基站等，是可忍孰不可忍？而2016年3月12日《北京晚报》记者景一鸣采写的《楼道里哪来这些"小白盒"？》，则更让你彻底摸不清头绪，找不着脉，更找不着北。其中说道：

"昨天，朝阳区东坝地区出了个怪事，5个居民楼中被人安装了数百个棋子儿大的'小白盒'。这些白色圆形小盒内有一块插有电池的芯片，藏匿于墙壁管线之间，很难被发现。对于这些盒子的用途居民们进行了揣测，很快有关盗取手机信息的各类传闻就被发到了网上，并引起了居民们的担心。"

"经记者查询，'小白盒'出自一家信息公司。记者登录该公司官网，发现公司服务对象为零售、餐饮、广告等，并无社区相关项目。随后记者联系到该公司郭先生，他说，公司产品目前可通过微信，利用蓝牙实现与用户的对接，通过微信'摇一摇'，可接收商家广告、优惠券等信息。"

这些设备为何会大量出现在社区居民楼内，郭先生表示，"目前本市该设备生产厂家很多，究竟是不是出自他们尚不确定……"

2016年3月29日，与前述"小白盒"曝光时隔半个月，《北京晚报》在同样的版面，同样的位置，刊登了同是前文记者景一鸣采写的《刷卡时别大意，当心有人玩猫腻》，其中说道：

"张先生在一家餐馆刷卡结账，发现女服务员接过信用卡以后行为有些异常，而且手里好像有个白色小盒子，张先生质疑在复制自己的信用卡。发生争执后女服务员逃之夭夭，事发餐厅证实，这名服务员的应聘信息是假的。"

"服务员手中的'小白盒'是什么东西？通过它能复制信用卡吗？为此记者联系了政法大学特约研究员，最终得知，在全国范围内，此类案例已经不是第一起，它可以记录信用卡的卡号、安全码等信息，再利用国内甚至国外一些非法生产的设备，就可以复制信用卡。"

我以为，"13个部门"，甚至"13个"之外的部门，都要好好感谢这位晚报记者，感谢他为大家提了醒，让好人好事有可能走在坏人坏事的前面。其实，"九龙治水"有诸多后续状态，包括"众志成城"，包括"群策群力"，包括"能者多劳"，包括"互展所长"，总之，包括很多"人少好吃饭，人多好干活"的大众哲学……

市民遭遇"呼死你" 一天内被呼近千次 对方称受雇于人——

"给我3万块三个月内不呼你"

本报讯(见习记者 李子红)"给我3万,不然继续呼你。"近日,孙先生遭遇了一场电话"轰炸",一天内电话被呼叫近千次,而且都不显示号码。与此同时,孙先生还收到几条短信,对方表示自己受雇于人,但只要孙先生肯花钱,他就会停止继续呼叫。目前,孙先生已向派出所报案。

市民遭遇"呼死你"骚扰
24小时内电话被呼近千次

"前天下午2时右开始,我家的固定电话就一直不断地接到一个不显示号码的来电。我在网上查了一下,跟其他网友一样,我也遇到了被'呼死你'软件骚扰的情况。"孙先生告诉北青报记者,自两天前开始,自己家的座机一直有电话呼入,这些电话铃响几秒钟就挂,隔几十秒又有电话打进来,然后又是铃声响几声即挂断。

由于之前开通过同振业务,将家里的座机和自己的手机绑定在一起,从而不开始,孙先生的手机也跟家里的座机一样,开始不断接到有几声就断的电话,在24个多小时的时间里,近千个骚扰电话致使自己的手机和座机因为无法正常使用通话功能而"瘫痪"。

对方称给3万就暂停骚扰
事主无奈选择报警

孙先生称,在手机内的近千个通话记录中,一个130开头的手机号码夹杂在不显示号码的来电里,"这个130开头的手机号码给我拨打过近三次电话,在网上查到这是个福建漳州的号码。我给这个号码打电话,对方不接,后来我给这个号码发疑问,提出加微信详聊,对方答应了。"

孙先生告诉北青报记者,对方称有人花了9000元雇用自己给孙先生打骚扰电话,"他还说只要我给他3万元,三个月内就不再骚扰我。我没办法,就去附近的派出所报了警。"警方证实,昨天接到过这样的报警电话。电话上显示是孙先生的号码。昨日下午,北青报记者试图拨通这个130开头的电话,但却无法接通。

昨晚,孙先生告诉北青报记者,通信公司的客服工作人员正在帮他解决被呼的问题,下午5时之后,骚扰电话一度暂停,"但是晚上8时左右,对方又开始通过'呼死你'软件骚扰我了。"

律师观点
调查取证有难度 被骚扰人难维权

据了解,"呼死你"软件又名网络电话自动追呼系统,最初是被相关部门用来治理不法小广告的。通过"语音呼叫"的方式,不间断地拨打违法号码,使其无法正常使用的。

不过,北青报记者调查发现,这种软件在网上可随意免费下载,用户注册充值后,可与网络IP电话绑定使用,每分钟资费仅需1分钱或2分钱。"呼死你"网络骚扰电话可不断变换来电号码,运营商很难追踪、阻拦、屏蔽。这种骚扰电话频繁的时候几秒钟一个,连续几天几夜不停,特点是响一声就断,来电显示为特殊号码。

一位律师表示,如果有人使用"呼死你"软件骚扰他人,造成严重后果,被骚扰人可以追究软件使用和运营商的责任,并向公安机关报案,但因调查取证困难,被骚扰人很可能因此难以维权。

线索提供/孙先生

上学的时候,经常因为搞不懂"道高一尺,魔高一丈"的相互关系而闹出笑话。长大了,变老了,自以为糗事不再,然而忽然有一天,却被个小广告的关联事件摆弄得神魂颠倒。这一天是2014年11月5日,当天出版的《北京青年报》上见习记者李子红披露"市民遭遇呼死你,一天被呼近千次",相关报道的标题为《"给我3万块三个月内不呼你"》,其中说道:

"'给我3万,不然继续呼你。'近日孙先生遭遇了一场电话轰炸,一天内电话被呼叫近千次,而且都不显示号码。孙先生还收到几条短信,对方表示受雇于人,只要肯花钱,就会停止继续呼叫。目前孙先生已向派出所报案。孙先生告诉记者,对方称有人花了9000元雇用自己给孙先生拨打骚扰电话,'他还说只要我给他3万元,三个月内就不再骚扰我。'昨晚,通信公司客服人员正在帮他解决被呼问题,下午骚扰电话一度暂停,但8时左右对方又开始通过呼死你骚扰。"

文章结尾,记者有番话令人深思,"'呼死你'软件又名网络电话自动追呼系统,最初是被相关部门用来治理不法小广告的,通过语音呼叫的方式,不间断拨打违法号码,最终使其无法正常使用"。好家伙,魔耶? 道耶? 且听下回分解……

说心里话，在读《"给我3万块三个月内不呼你"》的时候，总有种"小概率"的感觉，毕竟这等损招、损事不在多数。然而，时隔一年半，读了2016年6月21日《北京晚报》记者李环宇采写的《"呼死你"烦死人，6小时不消停》之后，才知道此类遭遇并非个案。文章说道：

"从昨天上午9点多钟开始。读者小郑的手机遭遇'呼死你'，在被对方骚扰了近500个电话后，小郑向自己怀疑的骚扰对象发了一条义正词严的短信，这才制止了骚扰。面对越来越先进的网络技术，一些不法分子利用'呼死你'软件做着不法勾当，而他们的违法成本却相当低廉。"

如同北青报回述了"呼死你"起源一样，晚报记者同样指出，"近年来，'呼死你'软件从原先打击'城市牛皮癣'小广告的正义使者，逐渐演变成眼下一些不法分子用来发家致富的手段。这种'呼死你'软件基于网络电话技术，通讯费用低廉，因此给了不法分子可乘之机"。

不是和移动通信过不去，也不是和网络电话闹别扭，只是与非法小广告的"梁子"有很多结在了"无线"上，所以说起来、听起来总会夹带些莫名的情绪……

破　局

温故知新大道简

POJU

WENUZHIXIN DADAO JIAN

章节进行到"破局"，说明已经离出口不远。治理非法小广告，除了有技术问题，还有"如何改观九龙治水难见效"的机制问题，同时更有如何规避自己和自己绊蒜的"法眼盲点"问题。天下事有难易乎，先易后难。

之前叙写多是和内容非法的小广告过不去，其实生活中"走失了亲妈的张大民"和"遛丢了爱犬的小两口"比比皆是。人过的日子一定有人味儿，但此味儿未必全是沁人心脾的芳香气。因此，日常生活有点杂质杂色也无妨，谁让"和谐"的基调并非"清一色"，谁让"俗人所见略同≈英雄所见略同"。

只要出发点与人为善，只要落脚点以人为本，其实有"市声"的城市也照样宜居。宽与严，疏与堵，彼此原本没有太多的交集。更何况情势猛于虎，因此，网开一面，适度设置"公共广告栏"，既是生活智慧，也是行政智慧。

何为"法眼"，不言自明；何为"盲点"，原来"盲点位于视网膜，因无感光细胞难以呈像"。谈及法眼，用及法眼，强化活化"感光细胞"是立法机构的基本功，凭此，眼观六路，耳听八方；无此，难谋万世，难断全局。2016年3月，媒体告知《地方限行规定不违反上位法》，也许是愁得太苦，想得太多，倘若"行政强制法"制定之初兼顾了"下位"的困顿，"停机迷局"或早有终结。

排解"九龙治水"的忧思，结果有两种，其一"抽刀断水"，其二"壮士断腕"，举凡就事论事皆为前者，而与传统思维定式画句号则皆有生机。2016年5月15日《人民日报》要闻版头条刊登了"关注改革最后一公里"见闻《"20＝1"带来什么》，详细解读"湖南长沙县将20多个部门的行政执法力量整合成为1个局"。好文章，好及时，此间最终有待深说的可谓一应俱全……

一根电杆十几张 信息杂乱陷阱多
让城市"牛皮癣"别再牛

本报记者 朱磊 付文 刘峰

无孔不入随处见

一根电线杆上，少则五六张小广告，多则十几张。记者从银川市新宁巷北端走到南端，再沿着新华街走到鼓楼步行街，沿路电线杆、路灯杆、马路道牙子、灯箱牌子，都有小广告或者小广告被清理后留下的痕迹。

"只要是显眼的地方无处不在，有不干胶贴的，有油漆手写的，有喷漆的……"银川新华中街环卫清扫班班长丁小娟说，连班负责玉皇阁南街至民族南街的路段。

在武汉，记者在不少街巷的墙壁上、小区的楼道电梯里，都看到许多小广告和清理后留下的痕迹。

制假诈骗信息多

城市"牛皮癣"大致可以分为三类：一是涉嫌违法犯罪信息的，比如公积金"等；二是涉及老百姓日常生活需求的，比如开锁、疏通下水道等；三是涂鸦。武汉市城管委副主任朱建华介绍，在武汉主要是前两种。

记者拨打电杆上小广告里的电话，几番联系换了3个地点后，终于在银川市胜利南街见到了张女士。张女士说花200元就可以为记者办理一个假户口本，第二天就能拿到。

"户口本、身份证、学历学位证书、印章等，做出来跟真的一模一样，身份证还可以做带磁的。"为了打消记者顾虑，分开20分钟后，张女士把给别人刚做的户口本封皮和内页的照片发到了记者手机上。

"小广告的信息很杂乱，制假、贩假的特别多，诈骗的也不少，陷阱重重。"银川市兴庆区城管南局局长王利明感叹。

反反复复难根治

涂、再写；这边刚被清洗，那边又不断冒出，防不胜防，我们都很头疼。"丁小娟很无奈，他们每天凌晨4点清扫街道，可刚清理后很快就又有了，反反复复没完没了。

"隐蔽性强、违法成本低、执法难"是整治城市牛皮癣工作面临的两个难题。"朱建华说，张贴人员分工明确、组织严密，一般都在晚上和凌晨张贴、粉刷，还有专人把风望哨，当场抓获的难度大。

"还有个问题，取证特别困难。"王利明说，小广告产业链上的许多人相互之间也没有见过面，难以找到幕后黑手，从源头治理很难，而且需要公安、工商等部门配合联合打击。

多策并举求突破

疏堵结合。武汉城管部门在各个社区采取设置信息栏等方式，划定专门区域供市民和单位张贴租房、开这是"疏"；"堵"就是加大打击城市"牛皮癣"的力度。

两者都抓。一手靠政府，武汉城管部门和公安、税务、工商部门联动，着力打击假广告、假证件、假发票等涉嫌犯罪的行为及其人员和窝点；另一手靠市场，武汉、江夏以及洪山区，采取购买服务的方式将这项业务承包给企业，由企业负责整治"牛皮癣"。

科技显威。银川采用一种纳米技术涂料，在沿街墙壁、电杆、路灯杆、灯箱、配电箱等涂抹一层，不干胶的小广告粘不住，涂写上去的漆和墨用湿抹布一擦就掉了，有预防作用；有些地方采用"呼死你""收死你"等方式大幅增加制"癣"者的违法成本，使之难以为继。

发动群众。银川左右而行门前"三包"也纳入"牛群防群治共同预防和治理城市"牛"

我从事过几年记者工作，多少知道报道文章的标题一般不必带"标点符号"。2013年11月22日《北京晚报》刊登记者孙颖采写的《治理小广告 抓不了只能清?》，其中的问号，既是对"不能抓"的困惑，也是对"为什么牛"的存疑。

记者目睹小广告张贴，随即向城管举报。工作人员告知，只能尽快安排人清理，但对于张贴小广告的人他们也无能为力，抓不了，也管不了。几位基层城管人员也一肚子苦水，告知，"这么多年，我认为治理小广告最有效的办法就是当初实行了一段时间的停机，但《行政强制法》出台后就不允许停机了"。

采访中"谁破解了北京小广告治理难题，谁准能得诺贝尔奖"的城管队员调侃让记者颇受触动，有感而发："一轮轮集中整治，一道道法规条例，多少个'大盖帽'竟然治不了一张小广告。"

在随后出版的"城事软肋"丛书中，有一卷专谈"城管"，千余张老剪报，略显10年来我所看到的城管"成长的喜悦"和"成长的烦恼"。于此，有一事不明，缘何在诸多"城管打人"和"城管挨打"的负面新闻里，似乎看不到"城管与小广告发生肢体冲突的"相关传言……

城市牛皮癣 治起来为啥难？

本报讯（记者杨昌平） 小广告因其屡禁不绝，被称为城市牛皮癣。而对小广告的治理之难，来自基层的市人大代表有切身体会。昨天下午，市人大代表杨立新在接受记者采访时，道出了些许苦衷。

"作为北京市民，我在日常生活中能感觉到小广告比比皆是；而作为一名社区工作者，我的工作职责有环境卫生这一项，也就包括清理小广告。"杨立新是东花市的社区工作人员，她介绍说，在治理小广告方面，环卫工人最辛苦。环卫工人每人负责一段路，发现小广告就要铲、擦干净。但是，你刚刚干完，过了没一个小时，又有人给贴上去了。

在治理小广告的成果考核上，主管部门是有考核指标的。杨立新说，现在的考核主要是看谁擦得干净，但这样做治标不治本。那么，能否利用停机的利器，来治理小广告呢？杨立新为此专门找了城管部门。

根据本报的报道，2013 年 7 月 15 日，北京市政府办公厅印发了《非法小广告专项治理行动工作方案》，明确要求城管执法部门与电信管理部门及电信运营商研究制定措施，对利用通信工具从事非法小广告的行为纳入电信服务合同违约责任范围，从违反民事合同角度予以停机，并要求非法小广告最

长不得存留 4 小时。

但是，杨立新从城管方面得到的答复令人有一种灰心丧气的感觉。"城管告诉我，停机程序非常复杂，主要面临的问题是取证难。城管在取证时，不能隐蔽取证，否则证据是无效的。"杨立新调侃说，不能隐蔽取证的后果就是，城管打电话给小广告上所留的联系电话："你好，我是某某城管队的，请问小广告是你让贴的吗？"对方只要不是傻子，一听是城管，哪儿会认账呢？

处罚难的结果，就是个别小广告人员越来越猖狂。杨立新曾在社区看到一张贴得老高的小广告，还用大字写着 **北京晚报** 贴得够高，你擦得了吗？

"我认为，治理小广告，要疏导和处罚

无独有偶。2014 年 1 月 20 日《北京晚报》刊登出记者杨昌平采写的两会报道《城市牛皮癣治起来为啥难？》。同样有关小广告，同样标题加了问号，看来小广告真的是把老实人给烦透了、惹毛了。其中说道：

"对于小广告的治理之难，来自基层的市人大代表有切身体会。昨天市人大代表杨立新在接受记者采访时道出些许苦衷：作为社区工作者，工作职责包括清理小广告，在治理小广告的成果考核上，主管部门有考核指标，而现在的考核主要是看谁擦得干净，但这样做治标不治本。"

细细读来，不难发现杨立新是个有心人，他和前文城管队员有相同的认知，即"能否利用停机的利器治理小广告呢"。为此，他还专门找了城管，但得到的答复"令人有一种灰心丧气的感觉"。城管告知，"停机程序非常复杂，主要面临的问题是取证难。城管在取证时，不能隐蔽取证，否则证据是无效的"。

文章讲述了杨立新的无奈与调侃："不能隐蔽取证的后果就是，城管打电话给小广告上所留的联系电话：'你好，我是某某城管队的，请问小广告是你让贴的吗？'对方只要不是傻子，一听是城管，哪儿会认账啊？"

北京晚报 2013-06-17 周一
责编 /
设计 /

19生活

[生活发现] # 小广告如何"占领"地铁

现场1 眨眼间地铁满是"海景"

列车缓缓停靠8号线安华桥站。时间刚到下午4点，晚高峰还有一会儿，车厢里还有几个座位空着，乘客们或者打盹儿，或者优哉游哉地玩着手机。突然，车门开处，一黑一白两个身影闪进车厢。小平头、黑皮肤、中等个儿、不胖不瘦，一人一个双肩背，背包前。两个典型的外来游客。

说时迟那时快，黑白小平头迅速从背包里掏出一沓纸，左手捧着，

右手娴熟地取过一页，准确地投入车厢的拉手。白平头在前，投放左侧，黑平头在后，投放右侧。也就十几秒钟时间，车厢里十几个拉手个个塞满，两人迅速闪人。

就在此时，列车启动，一页纸从拉手里飘落，记者低头看到，是一张"山海城"的小广告，再看头顶上的拉手，小广告们微微颤动，似是对着车厢两侧的地铁广告在暗暗点头：欧耶，再次"逆袭"！

小广告的"逆袭"　小广告完成"使命"

现场2 小广告到达"目标顾客"

车到北土城，这是换乘站，从新普北京最拥堵的10号线涌过来的人流，立马占领车厢的角角落落。有人伸手

取下小广告，仔细阅读；有人随手抓住拉手，小广告不经意间被踩落。几站过去，小广告三三两两在车厢地面会合。

发现1 发小广告的都是什么人？

记者每天坐地铁上下班，每次看到车厢里的小广告都纳闷：都是什么人在发小广告？什么时间发的？怎么很少能碰到？这次目击黑白小平头的"漂亮闪击战"，让记者有了发现。

十字路口往小汽车里塞小广告的不同，这些人穿着就像普通人，长相也不寒碜，双肩背在身，站在你身边，俨然上班族，或者外地游客。即便刚在另外车厢发过小广告，来到你身边，根本想象不到，小广告就是从他

前两年，一则"城管队员卧底当小贩"的新闻风传开来，且不说来龙去脉，仅就"体验"而言，似乎还没听过"城管队员卧底小广告"。既不是吐槽，更不是起哄，或许当初缺了这一课，所以小广告源头治理始终少了些什么。

2013年6月17日《北京晚报》刊登记者李海青采写的《小广告如何"占领"地铁》，把平日大谈特谈却又"泛泛而谈"细说得明明白白："两个身影闪进车厢，说时迟那时快，掏出一沓纸准确投入车厢拉手，也就十几秒钟时间，拉手个个塞满。记者每天坐地铁上下班，看到车厢小广告很纳闷：都是什么人在发小广告？什么时间发的？怎么很少能碰到？这次目击，让记者有了发现，在地铁发小广告的，跟那些在十字路口往小汽车里塞小广告的不同，穿着像普通人，长相也不寒碜，俨然上班族，或者外地游客，根本想象不到，小广告就是从他们手里来的。"

细心的记者继续刨根问底："为什么在第二站发？没在始发站发，也没在换乘站发，而是在第二站安华桥发？在始发站，乘客一上车都忙着找座，发小广告困难；在换乘站，乘客更多，而安华桥站是8号线南端第二站，上车乘客少，车上有空位，更重要的是，这站停站时间长，足够'闪发'后撤离。"

16 公众建言会　征集建言人

点题 治小广告　须用重典

小广告已成社会公害。小广告破坏环境，对人们造成视觉污染，严重伤害北京形象。小广告肆意污损公共建筑设施、小区生活环境，已构成侵犯、损害公共和他人利益的犯罪行为。为清除小广告，北京每年都要消耗大量人力、物力和财力。要根治小广告，必须用重典，建议痛下决心，专项立法。

● 立法宗旨

为了美化净化首都生活环境，把北京建成一个美丽、文明、和谐的宜居城市，必须努力维护公共建筑、设施以及民宅及周边环境，不受小广告的非法侵害。

● 适用范围

一切公共建筑物、设施和居民住宅楼、平房的外墙、门窗、楼道墙壁、楼梯扶手、电梯内外、路灯杆、电线杆、行道

小广告，缺大德。图为一个小

广告或盖一个印章小广告罚张贴者1000元，上不封顶，并要求其当场清理干净，恢复原貌。

对组织张贴小广告的个人或公司罚款10000元每张小广告或每个印章小广告，上不封顶(2014年北京一房地产公司因组织散发非法小广告，被城管部门作出罚款30万元的行政处罚，并没收非法"广告宣传页"10万张)；

对小广告上的电话进行核实后停机，使小广告散发者不能从中受益；

凡被发现张贴小广告，必须向受害方公开道歉，并书面保证不再乱贴小广告；

建立张贴小广告者及组织张贴小广告者"黑名单"，张贴小广告者，除罚款依治安管理处罚法或以破坏环境罪处罚；

与小广告缠斗中，北京晚报经常召开公众建言会，2015年7月24日刊登了建言人"老马识途"等人的《治小广告须用重典》。此公颇有见地，开门见山先将小广告列为"社会公害"而不是"环境卫生"或"干净指数"。其中说道：

"小广告已成为社会公害，破坏环境，对人们造成视觉污染，严重伤害北京形象，已构成侵犯、损害公共和他人利益的犯罪行为。要根治小广告，必须用重典，建议痛下决心，专项立法。乱贴小广告一经发现，一张或盖一个印章罚张贴者1000元，上不封顶；对组织张贴小广告的个人或公司罚款10000元每张小广告或每个印章小广告，上不封顶；对小广告上的电话进行核实后停机，使小广告散发者不能从中受益；凡被发现张贴小广告，必须向受害方公开道歉，并书面保证不再乱贴小广告；建立张贴小广告者及组织张贴小广告者'黑名单'，被发现两次（含）以上张贴小广告者，除罚款外，移送公安机关依治安管理处罚法或以破坏环境罪处罚；对提供有效线索并据此抓获张贴小广告者，奖励罚款额的50%。"

除建言用重典，建言人还同时提出另一重大建议，即"社区内设立广告板"，看来，无论走到哪，应对小广告的"堵和疏"无非也就是这么两下子……

2016年3月10《北京晚报》刊登了记者赵莹莹、程功采写的《地方限行规定不违反上位法》，虽然相关例证讲的是"空气污染与汽车限行"，但还是在第一时间想到了"小广告与停机"。其中说道：

"今天上午，全国人大四位相关负责人就人大立法问题，回答了中外记者提问。全国人大常委会法工委副主任郑淑娜表示，《大气污染防治法》在提交审议时，曾有关于机动车限行限购的规定，后在审议中被删除，主要考虑这一规定涉及公民财产权的行使，应当慎重，而且解决大气环境污染也可以通过提高油品的品质等其他措施来解决。'但是，在防治法中也有一条，叫做临时限行，根据地方的实际情况，可以作出一些临时性的限行规定。'"

也许是想得太多，也许是愁得太久，上述内容看似与本章无关，但细读不难发现，10年前媒体已告知《小广告停机将有法可依》，可4年前媒体又称"停机处罚暂停"，迷局与上位的"国家行政强制法"不无关系。倘若该法含有"对消除社会公害的具体情况具体分析"，想来这些年，想来这等事，无论是政府还是市民，无论是"13个部门"还是13亿人民，大概就不会如此绞尽脑汁却又一事难成了……

北京人常说"养马比君子"，看了 2016 年 7 月 5 日《人民日报》记者李刚采写的《手机不实名？停机最管用》，第一时间想到的就是这句民间老话。的确，从"治理小广告"过渡到"手机实名制"似乎有点风马牛不相及，但跳出现象看本质，二者在"停机"上的相似度竟是那样的如出一辙。

上述报道从"工信部要求 2017 年 6 月 30 日前全部电话用户实现实名登记"说起，既谈了落实过程遇到的重重阻力，也讲了广东省有关部门如何变不可能为可能确保实名制得以顺利实施。原来，面对"停机于法无据"的困局，该省人大及时发布了《关于落实电信用户真实身份信息登记制度的决定》，对电话用户真实身份信息登记时限提出明确要求，为此当地三大运营商一致表示，该《决定》对落实手机实名制起到了"无可比拟的推动作用"。

回转到上页谈及的"上位"与"下位"的联体与联动，一是为北京在停机问题上"来得早不如来得巧"有点郁闷，二是为日后其他相似情况、相似问题会有怎样的"大契合""大关联"有些茫然。当然，只要一想起被实践倒逼出来的"可将非法小广告纳入违反民事合同予以停机"的行政智慧，满脸愁云顿时散尽……

本章之前说过的话，大多围绕"停机""呼死你"絮絮叨叨，接下来说说为什么有"堵"还要有"疏"，尽管相关例证比比皆是，诸如"张大民走丢了妈""小两口遛丢了狗"，但作者随想却由下面这位懂事的事主说开去。

2005年8月15日《竞报》刊登记者倪乐采写的报道告知，为了帮助母亲寻找丢在公交车上的一块电路板，女儿手持寻物启事，连续两天站在亮马桥附近的几个车站。当有人问起为什么不在附近贴张广告，女孩儿明确表示"贴在站台上会污染环境，我不干"。

如果没记错，这篇报道是作者收集最早的关于小广告合理刚需的老剪报，应该讲，遇有此类糟心事，人与社会都会通情达理。遗憾的是，说到管理，抑或扯到管理，"一刀切"似乎最显执行力，由此而来，有了整齐划一，有了千人一面，但唯独少了和谐社会的"最大同心圆"和"最大公约数"。

人过的日子一定要有"人味儿"，只是此味儿未必全都是沁人心脾的芳香气，因此，日常生活有点杂质杂音也无妨，只要出发点与人为善，只要落脚点以人为本，有"市声"有烟火气的城市其实也照样宜居……

男子为寻父　轿车贴启事

2007年9月7日《竞报》告知，郑州一辆贴满寻人启事的轿车吸引不少行人的注意，开车的是一名40多岁的男子，他带着妻子和儿子开车出来寻找走失的老人。

新京报 2012年9月24日 星期一
A38 北京新闻·社会

"寻子车"进京　寻找失踪儿童线索

5位丢失孩子的家长发放失踪儿童信息宣传册和传单，并宣传防拐防骗方法

2012年9月24日《新京报》记者许路阳告知，5位丢失孩子的家长开着贴有"寻子车"标志的面包车来到北京，一边派发失踪儿童传单，一边宣传防拐防骗的方法。

2006 年 11 月 6 日

北京晚报

BEIJING EVENING NEWS

北京论语

今日快评

姚丽颖

封杀小广告不如给它们安家

很多法律法规出台,老百姓都高兴一阵,毕竟有了比没有强,毕竟离目标更靠近了一步。但笔者觉得,进是进了一步,却是瞄不准靶心怎么没响呢。

城市顽疾小广告已经热议多时。热议,实在因为小广告生命力强顽根除不易。近日,市人大听取了《北京市市容环境卫生条例修正案(草案)》,草案中提出对小广告加强管理,主要体现在大幅提高违反条例的处罚标准。如企业或者其他单位擅自利用或者组织张贴、涂写、刻画、喷涂、散发户外广告和广告进行宣传的,没收非法财物和违法所得,并处以1万元以上10万元以下罚款;情节严重的,处10万元以上50万元以下罚款。

也就是说,企业违法发放小广告可能遭受的处罚在1万至50万元之间,这个规定赋予执法人员很大的自由度。而1万与50万之间的选择,仅仅是根据"情节是否严重",没有更具体的说明。这些情节严重与否的判断,是根据小广告给城市环境带来的危害程度,还是虚假广告存在欺诈嫌疑,还是企业主态度蛮横拒不伏法,还是广告内容黄色下流,我们都不得而知。由此在今后执法是否得当,是否随意,增加了评判上的麻烦。

另外,提高罚金和棒打出孝子的理论差不多。棒打有时候能够出孝子,有时候出逆子或精神病子。单纯棒打一般出不了孝子,打是告诉他"非",还得同时指出"是",才能上了孝子的道。而且成功的前提是,挨棒者对棒打者充分信任,并有走上正道的主观愿望,否则反而容易埋下暴力仇恨的种子。

提高罚金可能在一定程度上抑制街头小广告,但是小广告并非都是非法医疗或招男女公关,也有顺应百姓需求的,比如餐厅的优惠券、超市打折、书店新书上架等。按照草案规定,在公共场所哪怕是店门口发放宣传单,也都属非法之列。但是如果要求所有信息都走正规频道,对很多商家来说成本过高,薄利多销后反而得不偿失。

因此,社会应当给予这些小广告合法的安身之处。在很多国家和地区,街头有各类免费刊物,基本上是消费类的服务性信息。人们可以免费索取,企业只需极低的价格便可刊登实用信息。这些刊物不仅有效填补了低端广告的空白,让小广告有了去处,同时也是对媒体市场的有益补充。

此外,小广告一直天而不绝,说明它有着强大的生命力,说白了就是有需求。也许走投无路,也许赚医院看病贵,反正有人相信小广告。因此单靠罚款愁怕难以根除,抓到了认真悔过。罚完立刻卷土重来,不贴小广告就改夹报广告、手机短信广告或是网络弹出广告,反正有的是招数。今年11月1日起,所有报刊暂停发布治疗性病等12类广告。暂停多久没说,不过可以预见,小广告的队伍又将进一步壮大。基于这些广告造成的危害已经远远超出市容环境,公安部门理当顺藤摸瓜,立案侦查,对消费者造成人身伤害或巨大损失的,罚款之外必须追加其刑事责任。

D140

其实,关于治理小广告的"堵与疏",新闻媒体早有先见之明。早在十年之前,2006 年 11 月 6 日《北京晚报》别有风采的"北京论语"就刊登了姚丽颖的快评《封杀小广告不如给它们安家》,有里有面,其中说道:

"近日,市人大听取了《北京市市容环境卫生条例修正案(草案)》。草案中提出对小广告加强管理,主要体现在大幅提高违反条例的处罚标准。提高罚金和棒打出孝子的理论差不多。棒打有时候能够出孝子,有时候出逆子或精神病子,单纯棒打一般出不了孝子。"

"提高罚金可能在一定程度上抑制街头小广告,但是小广告并非都是非法医疗或招男女公关,也有顺应百姓需求的,比如餐厅优惠券、超市打折,按照草案规定,在公共场所哪怕是店门口发放宣传单,也都属非法之列。因此,社会应当给予这些小广告合法的安身之处。"

"在很多国家和地区,街头有各类免费刊物,基本上是消费类的服务性信息。人们可以免费索取,企业只需极低的价格便可刊登实用信息。这些刊物不仅有效填补了低端广告的空白,让小广告有了去处,同时也是对媒体市场的有益补充。"

时隔两年，2008 年 10 月 10 日《北京晚报》再次谈及"疏"的功效。和前文有所不同，曹小彧、王希宝提供的稿件图文并茂，其中说道：

"角门北路，一个免费广告张贴牌含羞登场。没有剪彩仪式也没有只言片语说明用途，仅矜持了几天，迫不及待的小广告就给它从头到脚穿上了'花衣'。广告牌上现在张贴的是租赁房屋的小广告，当然也保不齐过两天还会有些良莠不齐的内容'广而告之'。但不管怎么说，周围的电线杆、车站牌最近都松了口气，因为旁边有了'专业人士'上岗，自己'身上'的负担会轻。"

作者很诙谐，告知"牛皮癣"这原本是给人预备的词儿，不知从什么时候成了小广告的代名词。于是，又是"呼死你"，又是掐电话，又是发明特殊防粘贴涂料、又是组织志愿者上街清理，可是"顽强的小广告"似乎并不打算偃旗息鼓。

作者同时还是对生活很有观察的有心人，在讲述当下公共广告牌的同时，不忘提及"想当初"，原来——"很多年前，北京的大街出现了类似邮筒状的水泥墩儿，专门用于张贴广告，方便市民。后来这些原始的免费广告牌逐渐消失。非常巧合的是，令人头疼的'都市牛皮癣'小广告也就此发端"。

时隔4年，2012年9月4日《北京晚报》刊登记者张楠采写的专题报道，副题明确告知"市政市容委称试点成功后将在全市推广"，其中说道：

"为了根治小广告，这些年来有关部门想了不少主意，但一直没有行之有效的好方法。最近，本市又在居住小区、公交车站等人流密集点试点设立'广告专贴牌'、'广告专贴柱'，专供集中粘贴各种广告和启事。'专贴牌'和'专贴柱'真有用吗？市市政市容委环境卫生管理处副处长崔宣告诉记者，从试用的情况来看效果还不错，周围不少小广告都集中贴到了专贴柱上。"

记者跟进透露，"如试点成功，将在全市所有区县推广。在小区布告栏旁可制作'广告专贴牌'，引导人们将小广告贴在指定位置；在公交车站或过街天桥等公共场所，可用水泥筑起'广告专贴柱'，360度都可以粘贴。希望用这种方法解决让大家头疼了多年的'城市牛皮癣'，还市民一个整洁美观的市容市貌"。

不是得便宜卖乖，更不是逮机会吐槽，免费、免责的公共广告牌再度成为媒体焦点绝对是利好消息，只是欣喜之余却有些不明就里，一晃4年，莫非前页所述的"2008新闻目击"的"试点"只是试试而已……

小广告专贴柱：管理城市，堵不如疏

> 承认公共服务无法做到"应有尽有"，那么就给"民间服务"
> 提供生存空间，尽力规范之。

小广告历来被称为"城市牛皮癣"，北京市丰台区试点"小广告专贴柱"的做法，即在小广告复贴率较高的人流密集处，制作广告专贴柱摆放在街头，专门供人张贴小广告，效果不错。这一做法有望在全市推广。

一直以来，彻底根治"城市牛皮癣"，是许多城市管理者坚定的治理理念。可是，这样的治理理念，总会遭遇事与愿违的尴尬。

既然从根治思路出发一味"堵"既不划算，效果也不好，还不如"变堵为疏"，即在承认一些小广告之所以"屡除不灭"，是因为有社会需求基础的前提下，通过科学合理地规范引导，使张贴小广告行为变得不那么杂乱无章，毫无规则可言。设置广告专贴柱，就是一个很好的创意。

对于因公共服务存在盲区而导致的公共治理难题，解决的方案无非两种，一是提供更为充足的公共服务，对所治理的难题来一个釜底抽薪。这方面，比较成功的例子是，2008 年湖南常宁市在铁腕整治"黑车"失败后，转而推行公交免费政策，取得两个月内七成"黑摩的"退出市场的效果。二是承认公共服务的力度有限，无法做到"应有尽有"，那么就给"民间服务"提供生存空间，不奢望消除它，而是尽力规范之，比如广告专贴柱。

如果城市管理者认识不到自己提供的公共服务不到位，或者提供公共服务能力的局限性，一味地从"除恶务尽"的角度进行所谓的铁腕治理，其结果不仅适得其反，反倒在糟糕的效果中，证明公共服务有多么不足。从这个意义上讲，像北京市这样"变堵为疏"治理小广告，不失为城市治理过程中一个很好的思路，多多益善。

2012.9.6《新京报》志灵／文

尽管"现代化≠西方化"，尽管发展中国家有别于发达国家，但在城市建设管理过程中，遇到始料未及的疑难杂症，尤其是闻所未闻的"城市病"，人们总是习惯听听国外怎样说，看看国外怎样做。

如此这般，情何以堪，其实"早死早托生"的事理即如此。据说200年前偌大的法国巴黎，楼内没有垃圾箱，物业不曾有规定，于是生活垃圾呼啦啦"破窗而下"，既是西方街头一景，也是资本主义常态。

治理非法小广告，大致也是如此。政府治得早，说明街面乱得也早。不敢说受"一纸缠"驱使满世界转悠，但只要是打过照面，总会驻足端详：好端端一座城，乱糟糟一团纸，让人联想起一些高档西洋家具，成品之后，工匠会在易于磨损的台面敲打出坑坑洼洼、星星点点。

近年来，随着"鉴宝"类节目红遍荧屏，"包浆"一词常有提及，似懂非懂，估计大意是"岁月留痕"。与之相反，溜光水滑，无懈可击，一马平川，白不呲咧，往往被冠以"贼光"。综观成熟态，包括器物，包括人物，包括国事，包括城市，有气度才有好运程，有围度才有大延展。借此，试着将"公共广告柱"捧到城事制高点，发现，宜居没它不成，混搭有它挺好。

未去跟进了解西洋"堵"术的ABC，除了艺术涂鸦，在发达国家的街头很少看到谁敢斗胆张贴小广告。善窗难开，善门难闭，开了这扇窗，为的就是堵住那扇门。看上去也关了门、也开了窗的我等，需要格外用心揣摩的是，此窗此门，此情此景，一关一开须同步，一堵一疏要守衡，不怕三天打渔两天晒网，就怕东边下雨西边晴，就怕上午说了下午忘……

国内常把难以根除的街边小广告称为"牛皮癣"，虽然厌之深，恨之切，但由于下药不对症，久而久之，"办证"直接写在了墙上，"收药"直接贴在了地上，"牛皮癣"最终变成了"花岗岩"。

地方有地方特色，但特色不同于各色，以"牛皮癣"命名者的资质去作推测，百分之大几十的"城管"没有学过"城管"就无证上了岗，牛皮癣不遍地生根开花鬼才相信。

小广告禁而不止原因众多，既有眉毛胡子一把抓惹的祸，也有"两手都很软"惹的骚，对于那些存心和政府对着干的"另类反动标语"从轻发落实属养虎为患，对那些无心与法规过不去的"实在有话要说"一把掐死太过野蛮。因此，具体情况具体分析成为城市管理铁律中的特别韵律。

一分为二，柳暗花明，咋治反动标语不妨问警局，如何顺水推舟可以看他山，譬如北美不少城市随处设有简易的"广告柱"，专供小广告随意张贴，专让牛皮癣肆意泛滥……

—— 摘自 2006 年版《天大的小事》

一纸缠 ——"老剪报"杠上小广告

美国匹兹堡街头

供稿 / 恩波智业资料库·一男视线图片库

加拿大卡尔加里街头 供稿／<u>恩波智业</u>资料库·<u>一男视线图片库</u>

加拿大温哥华街头 供稿／<u>恩波智业</u>资料库·<u>一男视线图片库</u>

美国华盛顿街头

供稿/恩波智业资料库·一男视线图片库

加拿大安大略小镇 供稿 / 恩波智业资料库・一男视线图片库

加拿大渥太华街头 供稿 / 恩波智业资料库・一男视线图片库

治理非法小广告，除了前述的相关技术问题，还有"如何改观九龙治水难见效"的机制问题。先易后难，相对而言前者是如何破局的"易"，后者是如何破局的"难"，此难题不仅严重困扰着至少13个政府部门，同时也是此间研究的课题重点所在，因为只有"治本"治出名堂，今后无论再遇到什么样的"城事通病"，才能准确拿捏，才会科学应对。

在密切关注的城市中，杭州、武汉、济南、西安等地均有很好的互动，有些地方虽无暇实地考察，但相关资讯常看常新。以长沙为例，2015年，市委易炼红书记在《人民日报》发表了《越是难事，越要依法办》，面对该市"史上最大规模"的拆违控违行动，易书记"要善用法治思维、法治方式解决现实问题"的论述，看似人人说得，处处听得，可一旦落到"执法部门大整合"硬碰硬、实打实的试验与实践中，"法治思维"究竟是怎样的思维，"法治方式"到底是怎样的方式，来自长沙的消息别具风采，别开生面。

天下事有难易乎？此话问了许多年，困了许多年，相传"解铃仍须系铃人"，但同样"说来容易做来难"。在本书有所跟进之际，2016年5月15日《人民日报》要闻版头条，刊登了记者孙超采写的《"20＝1"带来什么》，详细解读"湖南长沙县如何将20多个部门的行政执法力量整合成为1个局"。好经验、好文章、好及时，本章有待进一步破解的可谓应有尽有。

好是好，但美中不足该文见报时间为周末，因此平日看报的不会耽误，而平时不怎么用心的则可能错过。说心里话，挺替人惋惜，挺替事惋惜，全文敬录附后，期盼高高在上的"九龙"务必低放眼，常回眸……

要闻 4　2016年5月15日　星期日

R 关注改革"最后一公里"

湖南长沙县将20多个部门的行政执法力量整合成1个局

"20=1"带来什么

本报记者　孙　超

在湖南省长沙市长沙县，从2011年起，20多家政府部门的行政执法力量从原单位剥离出来，整合成了商卫食药、农业、城乡建设、社会事务4个行政执法大队。今年年初，在4个执法大队的基础上组成的长沙县行政执法局正式投入运转。从"20"整合成"1"，基层执法力量如何高效运转？如何实现自我监督？记者近日进行了调查。

难题：

人浮于事与执法盲区并存

"当青蛙在田里的时候，它归农业部门管；跳进水里，就由水务部门管；跑到山上，变成林业部门管；被卖到了菜市场，又成了工商

而更深层次的问题在于，行政机关普遍存在"自批、自管、自查、自罚"的管理模式。管理权、审批权与监督权、处罚权都属同一部门掌握，属于既当运动员又当裁判员。"当处罚的对象就是过去批准的对象时，执法上的顾虑也就不言而喻了。这不等于是打自己的脸吗？"长沙县一位基层执法人员感叹。

破题：

先分类后整合，优化执法力量

在新组建的长沙县行政执法局中，全县大部分行政执法力量被整合成1个直属分局和6个职能分局。比如，一分局负责全县范围内国土、城乡规划、房屋管理、人民防空等

生部门的，又有食品、商业部门的。人员一整合，执法力量一下子就增强了不少。原先没有精力查处的抗菌药物滥用和医疗废弃物处置不当等问题，以后都能管起来了。由于行政执法大队独立于卫生管理部门，"打招呼"的人也越来越少。

长沙县行政执法局直属分局星沙中队队长王威科说，饱受居民诟病的渣土车违规运输问题，涉及城管、公安、国土、建设、交通等多个部门。过去搞联合执法，不仅需要各局局长大力支持，甚至还需要主管的县领导出面协调。而如今，建设、国土部门整合进了一分局，交通……局，同处一个屋檐下，协调起来变得容易多了。

在湖南省长沙市长沙县，从 2011 年起，20 多家政府部门的行政执法力量从原单位剥离出来，整合成了商卫食药、农业、城乡建设、社会事务 4 个行政执法大队。今年年初，在 4 个执法大队的基础上组成的长沙县行政执法局正式投入运转。从"20"整合成"1"，基层执法力量如何高效运转？如何实现自我监督？记者近日进行了调查。

难题：人浮于事与执法盲区并存

"当青蛙在田里的时候，它归农业部门管；跳进水里，就由水务部门管；跑到山上，变成林业部门管；被卖到了菜市场，又成了工商部门管。结果到头来谁都管不好。"长沙县行政执法改革时任负责人之一的蒋重大，喜欢用青蛙的故事解释改革的动机。在蒋重大看来，多个部门管不好一只青蛙的故事，反映出基层改革中实实在在的困扰：一边是人多管不好事，另一边却还有很多事没人管。

2011 年，长沙县 22 家行政执法部门共有 365 名在岗行政执法人员，其中有 16 家成立了专门的行政执法机构。从表面看，这是一支庞大的执法力量。然而从 2009 年

到 2011 年，22 家单位中有近 1／3 办理的行政执法案件数量为零，超过 1／3 的单位案件数量在 10 件以下。执法力量不均衡也形成了"重城市、轻农村"的局面，城郊和农村地区很容易成为行政执法的"盲区"。

而更深层次的问题在于，行政机关普遍存在"自批、自管、自查、自罚"的管理模式。管理权、审批权与监督权、处罚权都属同一部门掌握，属于既当运动员又当裁判员。"当处罚的对象就是过去批准的对象时，执法上的顾虑也就不言而喻了。这不等于是打自己的脸么？"长沙县一位基层执法人员感叹。

破题：先分类后整合，优化执法力量

在新组建的长沙县行政执法局中，全县大部分行政执法力量被整合成 1 个直属分局和 6 个职能分局。比如，一分局负责全县范围内国土、城乡规划、房屋管理、人民防空等相似领域的行政处罚权和强制权，二分局则负责全县药品、食品、医疗器械、化妆品、餐饮、酒类等方面的行政处罚权和强制权。

处罚权和强制权的分类集中行使，给长沙县的行政执法带来了新变化。

在 2011 年以前，龙双是县卫生局卫生监督所的工作人员。那时候，她所在的科室一年办的案子很难超过 10 件。龙双说："一方面是因为小诊所的办证和处罚都归卫生局管，执法过程中总有顾虑；另一方面是因为原有单位编制有限人手不足，仅有的四五个人管全县，连县城的小诊所都管不过来，更不用提乡镇上的了。"

2011 年，龙双和几位同事被抽调到商卫食药执法大队。大队里既有像她这样来自卫生部门的，又有食品、商业部门的。人员一整合，执法力量一下子就增强了不少。原先没精力查处的抗菌药物滥用和医疗废弃物处置不当等问题，以后都能管起来了。由于行政执法大队独立于卫生管理部门，"打招呼"的人也越来越少。

长沙县行政执法局直属分局星沙中队队长王威科说，饱受居民诟病的渣土车违规运输问题，涉及城管、公安、国土、建设、交通等多个部门。过去搞联合执法，不仅需要各局局长大力支持，甚至还需要分管的县领导出面协调。而如今，建设、国土部门的行政执法力量被整合进了一分局，交通、公路方面的则在四分局，同处一个屋檐下，协调起来变得容易多了。

挑战：沟通如何顺畅，监督如何高效

面对行政执法改革带来的新变化，长沙县行政执法局局长朱智勇认为，改革面临的挑战依然存在。

朱智勇说，行政处罚权被剥离后，原先"管罚一体"的模式变成了"只管不罚"，这意味着20多个职能部门的权力都相应地缩小了。但与此同时，这些部门依然保留了日常管理和监督的权力。在这种情况下，行政执法局和20多个职能部门之间如何协作？另外，行政执法局只在县一级政府设立，在市一级却没有相应的机构与之对应，县行政执法局又如何与20多个上级职能部门进行对接？

为了解决这些问题，长沙县设立了行政执法改革联席会议。县领导与行政执法局和各职能部门的负责人定期共同协调业务。此外，长沙县与上级职能局建立了信息联通机制。行政执法局查处的案件经过同级职能局的上报渠道，能被报送给上级各部门，上级各部门的相关文件，同时又可以通过下级职能局转送到行政执法局。"这两项制度的建立和完善，让执法局与同级和上级部门实现了信息的顺畅沟通。"朱智勇说。

沟通有了渠道，业务的问题却挺棘手。20多个部门的处罚权汇集到了一个局，其中有些业务具有较高的专业门槛，行政执法局能做到高效、依法运转么？另外，在集合了20多个部门的行政处罚权后，如何对行政执法局本身进行监督呢？长沙县行政执法局实行"罚缴分离"和"收支两条线"的管理制度。罚款与缴费环节脱钩，单位和成员的利益与罚没款的数量脱钩。这有助于避免"为处罚而处罚"的现象。此外，原先各个职能局也依然拥有权责范围内的管理与监督权力，它们与行政执法局之间事实上形成了一种政府内部的制衡关系，这又促使行政执法局更加严格地进行自我要求。

从4个过渡性执法大队到如今正式行使职能的县行政执法局，长沙县行政执法改革走过了4年多时间。县行政执法局在集中了行政执法权力的同时，也集中了对等责任。面对居民投诉和上级问责，他们无法向任何人推诿，也无法找任何借口。

守 正 出 奇

之前报摘有云："很多年以前，北京大街出现了类似邮筒状的水泥墩儿，专门用于张贴广告，方便市民。后来这些原始的免费广告牌逐渐消失。非常巧合的是，令人头疼的'都市牛皮癣'也就此发端。"

在本书引用的剪报里，此篇读来有些哭笑不得：欲哭无泪的是，随着该物的消失"小广告就此发端"；忍俊不禁的是，早在1991年除夕，我曾安排客户与之共舞，四两拨千斤，讨了开年的头彩。为此，"中国加湿器之父"何鲁敏先生在其专著中对此曾有过如下描述——"'亚都给您拜年'这条不是广告的广告，比起任何商业广告的传播效果都要好。这一活动是王力先生'立意高深、实施简捷'职业思想的典范之作，看似简单，但幕后却蕴含繁杂"。

当年北京街头的"公共广告柱"北城居多，高约两米，粗细如邮筒，上面贴的告示五花八门却又应时应景，先是卖野药的，后是"托福""家教"，总之，活脱一个鱼龙混杂的"自由港"。我早就瞄上了这个大宝贝，潜意识中有种预感，此物是个可以刻成"萝卜花"的大萝卜。

1990 年年底，我出任亚都首席顾问，在设计市场拓展方案时，决定将其派上用场，成为春节期间的"特别奉献"。个案取名"拜年行动"，执行时间确定在除夕夜，也就是"免费借用加湿器"公益广告刊出次日。如此这般，一是为了让前番示善余音绕梁，再是为了跟进的"开心"与先行的"爱心"心心相印。

现在聊起此事略显无聊，无非就是把"拜年标语"贴在广告柱子上，有啥新鲜？有啥稀罕？表面看，事情就是这么简单，然而您别忘了什么叫"此一时，彼一时"，那可是改革开放初期，那可是 1990 年年底，有经历的人都清楚，那时候社会环境远没有今天这样宽松。

创业初期，我胆子比较大，只要认准对国家、对公众、对客户有益，什么出奇的招数都使过。相比之下，此举是高度敏感的"擦边球"，为确保万无一失，我先是请出法律界人士做助理，再是走访市、区两级政府，以及公安、工商、市容等部门。别看贴卖假药的管不过来，可轮到卖真药的贴广告可能就有人要问问了，先别说人家是游击队，即便逮住又如何，仅一个"全北京广告柱都让你一家给包了"，能行吗？有关部门能答应吗？

更为要命的是，我们的拜年广告实属"大标语"，广告柱虽能承载得了其体量，但斗大的字是否在允许范畴却不得而知。由于不到火候不能揭锅，因此在无限忐忑之下，我的法律助理带着一大堆"想说又说不清"和"能说清又不想说清"的问题，不厌其烦分别走访了市法制办丁先生、市容大队张队长、海淀区政府市容办罗先生，以及公安、工商、交管等诸多部门，非常有意思，所到之处得到的答复都基本一致："好像没听谁说不让这么干。"

有此话就足够了！对有些人有些事来说，"没说不让干"似乎就等于"不让干"，反之，对有些人有些事来讲，战机也好，商机也罢，对机会的把握与胜算，对指令的理解与听命，往往是"听话听声儿，锣鼓听音儿"。

　　除了"知道多了是病"，同时"兵贵神速"。一声令下，大家开始紧锣密鼓忙活了起来，勘察地形、锁定目标、制定路线，最终将全北京 100 多个公共广告柱全都纳入行动之中。

　　为了醒目夺目，决定用传统大黄纸，两张上下对贴，能把广告柱包个严严实实。黄底红字，在传统审美中历来是绝配，也许没有交待清楚，一位功底不错的美工将其写成了草书，虽不难看，但还是被否了，因为展示地点不同，感觉也会多有不同，在高雅的环境中，毕加索的画作价值连城，可要将其挂到广告柱上，恐怕也会一文不值。为此，重刻字模，认真描画，尽量工整，尽量不招人讨厌。

　　相关行动选在除夕夜，尽管街道空无一人，虽然不是干坏事，但仍"心虚"得很。一共分成了六个行动小组，六辆机动车，六桶糨糊，六把扫帚；每组四个人，一人开车，一人刷糨糊，一人张贴，留下一人放哨。

　　次日清晨，沿街巡视，感觉真的是好极了。许多市民围着柱子议论纷纷，虽然听不清说什么，但从表情可以看出是在对此举大加赞许。尤其辅之面向全体市民的"免费借用"，预先的期盼可谓盆满钵满。更令人欣慰的是，由于其他"小广告们"春节均已返乡，所以我们的一家独大过了初一也过了十五。春节过后，与用友公司原副总经理吴铁先生不期而遇，此公当胸给我一拳，说道："老兄这一手可真厉害，朋友春节见面，竟然脱口一句'亚都给您拜年'！"

　　在"眼球经济"瞅得够不够的当下，书中融入企业个案着实有些为难，既担心读者误以为得了谁的好，也不清楚鸟枪换炮的相关人是否乐意想当初。从 1990 年起，此间断断续续向亚都提供了十七年的外脑服务，从名不见经传，到三年内蹿升中关村前五，"拜年"一类个案大约推出了几十项。今非昔比，世事难料，虽然名号依旧，但企业不再是原来的企业，老板也不再是原来的老板，作为曾经的保姆抑或近亲，叙写史实，文责自负，谈及关联，狗屁皆无。

　　1995 年联想集团"上台阶"，传志先生诚邀布道，听罢上述悟语，先以"奇巧"感慨之，后以触类旁通之，据说脑洞大开、受益匪浅。往事陈年，无意谝也无意炫，只是"原汤化原食"，因此，提升各类各路"短板"，山不转水转，水不转云转，只有"憋死的牛"，没有"愚死的汉"……

REF NO. 1

亚都之怀——1991计划婚姻拉目
——公共广告控拜年。

为了进加完善"亚都之怀——1991"的工作计划，我们所在居计划过本之外又部严了利用公共广告控的公众拜年的控目，用以进一步提高亚都的企业知名度，在广大消费者心中更加突生亚都的形象，同时，这一行动的实施还可以配合我所正新宣传使业的"亚都政策"，利用春节前后这一民间知识的引潮，扩大亚都的影响，促销亚都的产品。

由于这一行动的时间计限，恰好与亚都退潮"及"亚都释度"工活动时间平行，这样就要求我们对人力重新进行安排，这一工作方等与释度工作的开展时相类似，要地涌一段方案甲时会卡范围内的公共广告控的具体地类进行选择。再按具体情况安排陆线，这一工数的事项，所选地点既不使很多太这，但要在

③

恩波智业研究所课题档案 / 创新思维博悟馆馆藏教案

亚都建筑设备制品研究所

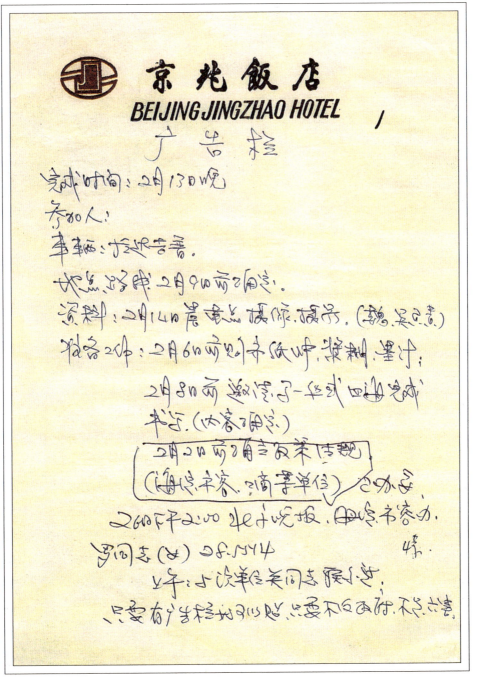

恩波智业研究所课题档案／创新思维博悟馆馆藏教案

恩波智业研究所课题档案 / 创新思维博悟馆馆藏教案

罚他擦掉码根码

■本报记者追踪报道

本报上周刊发《街头"码根码"出自谁手》一文后，许多读者来电纷纷谴责冯天岳街头刷墨的非法行为。前天，北京市市容监察总队对冯天岳进行罚款，并责令他清除"码根码"墨迹。此前有家企业介入"码根码"推广事宜，并代替承担了市容部门的全部罚款。另悉，同样引起人们谴责的在京城多处喷涂人头像，其始作俑者已初露端倪。

前日上午9:30，冯天岳按指定时间来到了市容监察总队，交待了事件经过。据他交待，他自元月份开始，前期采用张贴，后期采用刷墨，地点以筑围挡断墙、建筑围挡和立交桥为主。一夜最少刷墨4处，最多近20处。他买有3辆破旧自行车，预先摆放在城市对角线上，随时待命，两个月来，城八区除西城、丰台、石景山外，均有"码根码"的踪迹。

据冯天岳称，张贴小广告街头寻常见，没被识到是违法，后来刷墨地点也是有所选择的。市容部门严正指出，这两种行为均是违法行为，并宣读了市容管理规定中有关处罚内容。当天上午10时许，冯天岳来到崇外大街，在市容工作人员的监督下开始清除"码根码"墨迹。在法华寺站牌旁断墙处及磁口上某建筑工地清除时，引来路人围观，有人表明冯天岳"码根码"何意，并指指这一乱刷行为，对此冯天岳看着彻底，上眼擦洗。据悉，冯天岳今后的工作之一就是被强制清除"码根码"。

此前，一些企业对"码根码"的推广也始于意识到是违法，后来刷墨业业商务公司总经理的。市容部门严正指出，这项虽然具有意买断"码根码"今后的专利权。冯天岳表示，这涉及到建立在"码根码"基础上的另一种专利。据他称，买断独家使用权倒是可行。据透露，现在今日马天岳将把书面可行性报告递交该公司，这将决定双方能否最终合作。鲁先生对马天岳的困境深表同情，他表示，即使最终没能与冯天岳达成协议，他也愿意帮助他承担市容部门的全部罚款，并当即掏出500元钞交给冯天岳。

冯天岳怎么想到街头刷墨宣传？据了解，冯天岳数年来因出书及买电脑欠下2万多元贷款，为还债，他交出了每月约500元的工资单，现在他80岁病母的退休金过活。他也曾在报纸的中缝做过3次广告，经济至今才缓过劲来。对北京计算机教育培训中心的有关专家认为，再困难也不能做违法的事，贫困阻碍技术的推广，但不是无可路可走。冯天岳完全可以通过进入互联网来介绍、推广码码。花270元买一个调制解调器就行，300元的月人网费如即内完整支付。

市容监察总队副总队长刘永华表示，法不容情。虽然，我们也很同情冯天岳的处境，但规章制度必须严格执行。

据悉，同样的居委会等责任单位也开始参与清除"码根码"。据记者目前观察，东方广场、崇文大街等地的建筑工地围挡儿，已不见"码根码"。

另悉，同样涂鸦在京城立交桥建筑上的喷涂人头像，其始作俑者已初露端倪。记者在1997年第6期《江苏画刊》上见到《时效——当代转型期的社会艺术》一文，其配图正是喷涂人头像，背景是北京典型的四合院。画面作者是启城画坛小有名气。

■图文/本报记者 赵国明 ■摄影/梁炜

■前天，冯天岳在市容人员监督下开始清除"码根码"

北京青年报

"广告柱拜年"过后七八载，北京街头又上演了一幕同样是意在"博取眼球"的活报剧：某男从事电脑录入研究走火入魔，铤而走险，光天化日之下竟于京城多地用墨刷写斗大的"码根码"，为此，1998年3月11日《北京青年报》刊登记者赵国明采写的《罚他擦掉码根码》，其中说道：

"本报上周刊发《街头"码根码"出自谁手》一文后，许多读者来电纷纷谴责冯某街头刷墨的非法行为。前天，北京市市容监察总队对冯某进行罚款，并责令他清除'码根码'墨迹。前日上午，冯某按指定时间来到了市容监察总队，据他交代，自元月份开始，前期采用张贴，后期采用刷墨，地点以筑围挡和立交桥为主。一夜最少刷墨4处，最多20处。两个月来，城八区除西城、丰台、石景山外，均有'码根码'的踪迹。"

西谚有云，第一个把女人比喻为鲜花的是天才，第二个则脑子进水。个中道理是否站得住脚，据说情场能够印证，"卖场"也可以验证。无意在另类赛事中争宠，只是在中国特色的社会主义大环境里，"出奇"莫忘"守正"，否则，不仅不会得逞，同时还得被迫拿起刷子清洗自身历史污迹……

逗！生日祝福涂上电线杆

无独有偶，继"码根码受罚"七八年过后，又有人打起街边水泥物体的歪主意，这次不是广告柱，也不是立交桥，而是电线杆子。2006年1月19日《法制晚报》刊登记者宋颖拍摄的图片报道，在一个"逗"字的引领下，告知"有人将生日祝福涂上电线杆"。其中说道：

"生日祝福写在了路边的电线杆上？这是日前记者在望京花家地西里看到的。整条马路的电线杆都被红色涂料写上了'豆，生日快乐！'几个大字，远远看去，十分醒目。'这种生日祝福倒是挺新颖的，不过太没公德了！'路边卖报的徐大妈说。为此朝阳区城管大队一位工作人员表示，在公共场所随便涂写字迹属于违规行为，他们会立即进行清理。"

河里没鱼市上找。在有些营销讲堂上，如此这般的"不以为耻"或被当作成功的策划说来道去。作为当年被业界公推的"公关第一人"和"策划泰斗"，看来有必要旧话重提我所推崇的"策划三段式"：其一，策划不是厚黑学，既推崇方法论，更注重世界观；其二，策划是正面走不通的情况下以迂为直的"旁门左道"，但旁门左道不等于歪门邪道；其三，策划讲究用超常规的想法实施常规中的手段……

做 而 论 道

武晓丽

办公室的人常讲我是在报纸堆里成才的。想起来也是，从普通文员到所长助理，比起"称职的读报用报人"，我还额外练就了"剪报、存报"的内家功。因此每每看到"故纸"被派上新用场，感觉真的好极了。

话虽这样讲，但欣喜之余仍有心结，《一纸缠》作为《天大的小事》延展读物，受益于母本，但碍于颜面又不便"反哺"。作为两书创作的专职后援，我不这样想，十年来的事实已经证明，《天大的小事》不仅充满社会责任，同时更充满社会期待，为这样的作品鼓与呼，即便是广而告知，也是堂而皇之的"公益广告"。

作为智库辅政读本，《天大的小事》有很强的时效特征，因此课题跟进周而复始，借工作之便，我悄悄辟了块自留地，将被该书不幸言中的事例分列其中。起初我也没特别留意，只是有一天突然发现累积的"言中"竟如此之多，如此之重，才提出自己的想法，建议集结成册，取名《不幸言中》。隔日谈起，先生告知"**创作初衷其实是'不想言中'本可提前规避的不慎与不足**"。

什么是"本可提前规避的不慎与不足"？作品付梓之际，有几则主流媒体的报道最能说明问题，一是深圳开通国内首条"多乘员车道"，二是热门景区"游船无救生衣"情况堪忧，而这类开心或糟心事例，均与十年前面众的《天大的小事》"不幸言中"或"不想言中"密切关联。

《一纸缠》接纳了相辅相成的"延展之延展"，版面虽然不很大，但机缘难得。呈现些什么呢，除了对上述相关报道作呼应，最终挑选出了两三纸与读者分享：一篇发自杭州，那里的城市管理水平众所周知；另一篇写自中国科学院，管理与科学对接是城市管理所期盼；来自西安、吉林的报道如实反映出党政官员的读书心得，那位老伯的现场评说，则折射出百姓对政府朴实无华的心声。

2016年8月2日 星期二 新京报
焦点 A13

深圳治堵新招：车内超两人可走专用道

交警昨日起开始对多乘员车道执法，8月8日起罚款；专家称北京外围道路可以规划

新京报讯 只要车内人数多于两人，工作日早晚高峰就可以走专用车道，这是深圳推出的"治堵"新招。昨日，深圳交警正式对深圳首条多乘员车道（HOV车道）开始执法，首周内交警对违规驶入的司机会进行教育警告，从8月8日起，将处罚300元处罚。

今年4月18日，深圳首条HOV车道在滨河－滨海大道试行，在工作日早晚高峰时段（7点半到9点，17点半到19点）只允许乘坐两人及两人以上车辆通过。车道全程地面绿色标线指示，路边也设有指示牌引导。

试行前曾开展网上投票

昨天是深圳交警对HOV车道开展执法的第一天。记者从深圳市公安局交通警察局（下称深圳市交警局）获悉，多数司机按规行驶，但仍有少数司机明知故犯。

据深圳市交警局机动训练大队铁骑队刘柳介绍，从早晨7点半开始，截止到上午9点，其所带的队共劝离4辆违反驶入HOV车

昨日，深圳交警正式开始对多乘员车道执法。一周后，将对违法驶入该车道的司机进行罚款。 深圳市交警局供图

2016年8月2日，《人民日报》《新华每日电讯》《新京报》等纷纷刊登有关深圳治堵新举措的报道，告知"深圳首条多乘员车道正式推出，工作日早晚高峰只允许乘坐两人以上车辆通行"。比起无人不知的"公交专用道"，此道尚属无人区，因此与其说深圳先行试水，不如讲国内首创。

究竟什么是"多乘员道"？顾名思义，通常的路段，超常的限定，有地方规定仨，有地方允许俩，不管彼此认识不认识，只要提前凑够了数，您就有资格大行其道，同样宽窄的路面，却轻轻松松承载了双倍或三倍的运量。事实证明，在不少发达国家此举颇得人心，不仅方便有车族，同时也便宜了"蹭车族"，为了赶时间，为了避拥堵，不少要单儿的乘员情愿掏钱"雇托儿"一路随行。

曾几何时，深圳是改革开放的排头兵、领头羊，所作所为，既有前瞻性，更有后效性。包括上述创新举措，据说在主流媒体非同一般的推动下，不少城市已开始学习效仿，其中就包括北京。

有学者设问"能否在北京推广"，有行家提出"北京可在连接通州的道路试行"，十年前《天大的小事》曾苦苦相谏，包括北京深圳，此举早该成为治堵利器……

有些人喜欢跟风，有些事喜欢跟风，近年来，既不分人，也不分事，跟风跟得最紧当属"公交先行"。缘何？有说此举贴近老百姓，有说此举接轨国际化，总之师出有名、政出有门的事往往一呼百应。

由于"堵因"复杂，"堵点"刁钻，所以城市治堵绝非易事，既需要掰开揉碎，更需要见微知著。在忽略不计的病灶里，"公交先行"与"公交专用道"混为一谈，"公交公司"和"公共交通"混为一谈，或许也是视而不见的症结所在。因此，公交道上跑的全是公交公司的车已然见怪不怪。

在北美，既有人多先行的"公交先行道"，也有同样人多快行的"多乘员车道"，此道非彼道，说道不一般，无论何种车，只要按现场规定凑够人，即可成为特权车，即可大行其道，警察不干涉，别人不眼红，轻轻松松提高了运力。

对此有人称道，有人质疑，可也是，这边厢动不动"车膜黑如炭"，车里坐着仨李逵还是俩李鬼的确很难分辨。办法总会比困难多：一是贴膜的全都没戏；二是没贴膜且乘员够数的出租车一律放行；三是校车、班车统统网开一面……

—— 摘自 2006 年版《天大的小事》

夏日划船频出险，记者走访北海、颐和园等公园发现

12处热门景区游船无一配救生衣

本报实习记者 王可心

正值暑期，不少家长选择带孩子到公园游玩，北京各大公园景区迎来了客流量的小高峰。炎热的天气下，卡通造型的电瓶船、脚踏船更是受到了小朋友们的青睐。记者随即实地走访了颐和园、北海公园、后海等13家提供租船项目的景区，除之前偶遇大风天气突发险情的后海外，其余12家公园均未在游客上船前主动向其提供救生衣。询问后，工作人员表示码头上没有储备救生衣。

夏日划船事故频发

网友“淮上”前不久在微博中详细描述了她们在后海乘船游玩时的惊险经历。一周前的一天下午“淮上”与朋友一同前往后海地百码头，租了一艘脚踏船，上船前工作人员并未提供救生衣。不多时湖面突然起风，“短短几秒钟，水浪突然变急，我们拼命蹬，拼命掌舵，但小船的力量根本不足以和狂风对抗，我们撞到岸边，又被推向湖心，再拼命靠岸，又被推向湖心。”整条船几乎翻倒。绝望之际，岸上酒吧工作人员听到呼救伸出援手，这才使三个女生脱险。

事故发生后，什刹海景区的各码头立即加大了对救生衣发放工作的监管力度。码头的工作人员告诉记者：“我们要求所有的游客必须穿戴救生衣才能上船，如果被领导发现有人不穿我们要被处分的。”

近年来，夏日划船事故出现过多次，游客没穿救生衣是事故的主要原因。2012年4月，一艘搭载8人的快艇在苏州太湖游览时，与货船缆绳相撞，事故导致4名上海大学生死亡，4人受伤。据悉，艇上所有人都没穿救生衣是该起事故的主要原因之一。2015年11月，福州西湖公园也发生了翻船事件，船上俩大人、俩小孩落水。所幸4名落水游客均被救起。随后福州市园林局要求全市公园游船，必须穿上救生衣才能上船，未穿救生衣者将被劝离。今年6月，四川广元白龙湖景区双龙号游船突遇大风天气，船体倾翻，因天气炎热大人们都没有穿戴船上的救生衣，小孩也陆续把救生衣脱掉，该事故造成15人死亡，3人受伤。河南、山东潍坊、四川凉山州等地在最近几年已经陆续出台相关规章制度，强制规定游船航行时，所有人员必须穿救生衣。

12家热门景区无一配救生衣

记者随后来到了附近的北海公园。时间已过下午4时，湖面上仍有近百艘造型可爱的脚踏船或电瓶船，游船售票处也还在排着长队。在这些船上，记者并没有看到有游客身着救生衣。走到码头，也没有发现任何提醒游客穿戴救生衣的警示标志。码头上空空如也，找不到堆放救生衣的储备箱。记者观察到码头工作人员并未主动向游客提供救生衣，也没有游客主动向工作人员索要。记者随即以游客的身份询问码头的工作人员，码头是否有救生衣可以提供，工作人员摇头并催促记者尽快登船。

记者在北海公园随机采访了几位来此划船的游客，家住西城区的陈先生说：“这么多年一直没听说脚踏船还得穿救生衣的，又不是快艇，这天儿这么热，穿个救生衣再给捂出痱子来。”与之同行的妻子刘女士却不赞同：“我家孩子淘气，闲不住，在船上总怕他掉下去，说也不听。要是有个救生衣给他穿上挺好的。”记者共采访15位游客，其中有6人跟陈先生持同样意见，认为穿救生衣就是多此一举，夏日天气较炎热，再穿一件有点负担，而且大部分救生衣又湿又脏，大家轮着穿，不少女孩子也在担心卫生问题。其余9人则认为还是安全第一，如果园区提供救生衣，安全会更有保障。

除北海公园外，记者还走访了颐和园、圆明园、玉渊潭公园、龙潭公园等11家热门景区，遗憾的是这12家均未向游客提供救生衣。

汛期风雨疾有备无患

记者从市园林绿化局公园风景区处了解到，每年各公园游船正式对市民游客开放以前，都要申请海事部门检测，合格后才能正式下水运营。目前对于游客租用手摇船、脚踏船、电瓶船这类危险度较低的游船项目，还没有关于必须穿戴救生衣的强制性规定。海事部门也表示，相关标准还在制定当中，今后将加强对游船乘客穿戴救生设施的要求，增强园区安全意识的培训，目前正着手于救生衣的改良，制作更轻便、易清洗的救生衣作为每艘游船的必备设施。

如今正处在“七下八上”的主汛期，暴雨、大风等灾害性天气的异常性、突发性和局地性特征比较突出，容易突发雷阵雨天气，短时阵风最高可达8级。如果突遇大风天气，类似后海的情况很有可能再次发生。

“出来玩还是安全最重要，希望游船配备救生衣能成为一个强制的措施，如果遇到紧[illegible]孩子出来玩也[illegible]门能重视这个[illegible]们救生衣。”刘女士这样说。

北京日报

还是2016年8月2日，《北京日报》刊登实习记者王可心采写的《夏日划船频出险，记者走访北海、颐和园等公园发现，12处热门景区游船无一配救生衣》。其中说道：

“正值暑期，不少家长选择带孩子到公园游玩，北京各大公园景区迎来客流量的小高峰。炎热的天气下，卡通造型的电瓶船、脚踏船更是受到了小朋友们的青睐。记者随即实地走访了颐和园、北海公园、后海等13家提供租船项目的景区，除之前偶遇大风天气突发险情的后海外，其余12家公园均未在游客上船前主动向其提供救生衣。询问后，工作人员表示码头上没有储备救生衣。”

记者同时告知，近年来划船落水事故时有发生，游客没穿救生衣是事故的主要原因，痛定思痛，倒逼出原本对此也不甚重视的游客安全意识，故而有人提出“希望游船配备救生衣能成为强制措施，希望有关部门能重视这个问题。”

游船该不该配备救生衣？没穿救生衣该不该放行？之前媒体透露“昆明湖上演救援演练，上万游客现场观摩，直呼像看动作大片”。热闹归热闹，可惜历来只有“外行看热闹”，内行曾经怎样劝，2006年版《天大的小事》似有如是说……

工作关系，曾近距离接触过许多舰船，其中最真最酷当属1994年参观过的我国导弹驱逐舰，最大最"假"莫过20世纪末拖到深圳的"明斯克航母"，而最小最可爱的则是儿时歌唱的《让我们荡起双桨》里的小舢板。

无论身世差别有多大，相信很多人对"小船儿推开波浪"的感觉记忆犹新，然而，嘴上高歌若干年，心里哼唱若干年，可重在异国他乡小船飘荡在水中之际，才突然有点后怕，突然有点迷茫，为什么关键时刻能救人一命的"救生衣"，跨越了时间，跨越了空间，竟从儿时绝唱至今？

相信我们的专业船舰一定配备了落实到人的救生设备，相信我们的商业船只也都添置了必须必要的救生物品，但非常可怕的是，公园船客多为"花儿与少年"，遇到不测，除了无助一无所有，除了无知一无所知。然而就是这样一干人等，从南到北，由东到西，没有任何景区水域给你保险加身。

图片所示为北美游船码头，水深水浅搁一边，"不穿救生衣不放行"已成铁律，您再是游戏人生，可"水火无情"却不讲游戏规则……

—— 摘自2006年版《天大的小事》

杭州市城市管理委员会

尊敬的王力先生：

　　您好！来信收悉，谨致衷心谢意。

　　作为首部科学解析"城市如何让生活更美好、城官如何让居民更幸福"的通俗理论读物，《天大的小事》出版以来，已在很多城市的领导者中拥有了广泛的拥趸，为提高我国城市管理的科学化、精细化水平提供了有益借鉴。

　　杭州是一座有着悠久历史的文化名城，也是一座以环境立市的现代化国际旅游城市。今年2月，杭州市委、市政府提出，要在今后五年"打造东方品质之城，建设幸福和谐杭州"，这给城市管理工作提出了更高的要求。

　　经友人介绍，得悉贵书，数日来细读，受益良多。我委于今年7月提出"城市管理，让生活更美好"，与先生"城市如何让生活更美好"、"为每个小我创造时时小美好"的理念不谋而合。贵书在我系统配发后，亦引起广泛共鸣，给我们的工作提供了宝贵的经验，大大开拓了创新城市管理的思路和眼界。

　　我们将在全系统认真细学贵作后，择机诚挚邀请先生为我们作跟进辅导报告，进一步提升我委干部职工精细化管理、人性化服务的理念和能力。

　　敬祝康乐！

2012 年 12 月 12 日

翁文杰 / 时任杭州市城市管理委员会主任

中国科学院
CHINESE ACADEMY OF SCIENCES

地址：中国·北京三里河路52号
邮编：100864
Add: 52 Sanlihe Rd., Beijing, China
Postcode: 100864
Tel: 010–68597　　Fax: 010–68511095

王力同志:

您好！首先感谢来信和寄来的著作《天大的小事》一书。书我已详读，感受到书中由城市生活中的小事和细节出发所阐述的现代城市和社会管理理念，读来很受启发。为使更多人受益，我已将书放在了中国科学院大学（"国科大"）图书馆。

看到您笔耕不辍，为政府决策咨询和社会治理积极建言献策，其精神值得褒奖，也使我本人受益良多。希望今后能见到您更多的大作！

祝工作顺利、事业进步！

2014–07–31

白春礼／中国科学院院长

中共西安市委机关报　　XI'AN DAILY

西安日报

2011年6月 **15**

星期三 辛卯年五月十四　总字10881号　新字第6181期

银桥 银桥乳业 YinQiao Dairy

市委中心组举行社会管理创新学习报告会

陈宝根主持　王力作报告

本报讯（记者 于京玄 实习生 田文洁）6月14日上午，市委中心组举行学习报告会，邀请著名决策咨询专家、恩波智业研究所所长、北大客座教授王力同志作《"天大的小事"考问社会管理》的专题报告，市委副书记、市长陈宝根主持报告会并讲话。

王力同志是我国著名的社会管理学者，长期从事软科学和决策科学研究，曾为希望工程、中华慈善总会、北京奥组委等机构提供咨询服务，在全国率先系统地开展了"中国特色社会管理"研究，并取得了丰硕的成果，其相关著作受到了中央领导的充分肯定和社会各界的广泛好评。报告会上，王力通过大量的生动案例和深刻的讲解，勾画了一幅城市如何让生活更美好的画卷，内容丰富、对比鲜明，对于我市进一步加强和创新社会管理工作具有很强的指导意义，使与会同志深受启发。

陈宝根在报告会结束时说，加强和创新社会管理是当前我们面临的一项重大战略任务。近年来，市委、市政府始终把市民的期盼与愿望作为工作的出发点和落脚点，高度重视民生问题，妥善处理各种利益矛盾，把做好群众工作贯穿于社会管理及其创新的各个环节、各个方面，不断增进人民福祉，共享发展成果，使广大市民切身感受到服务管理更便捷、更文明、更和谐，主人翁意识不断增强，参与西安建设发展的热情不断提高。全市各级党委、政府和领导干部要高度重视社会管理创新，切实把思想和行动统一到中央的决策部署上来，统一到全市的实施方案上来，结合自身职能特点，明确目标责任、细化措施办法，确保各项工作和要求落到实处，取得实效。

陈宝根强调，要始终坚持以人为本，以人民满意作为城市发展的价值取向和目标追求。要不断提高基层为民办事能力，充分了解群众意愿，充分保障群众利益，充分发挥群众积极性，让群众生活水平更高一些，得到的实惠更多一些，安全感幸福感更强一些。要牢固树立"以人为本、服务为先、多方参与、依法管理、综合施策"的理念，加强实践探索，不断总结经验，把握规律，开拓创新，全面提高我市社会管理科学化水平，紧扣"建设人民满意城市和国际化大都市"这个总目标，扎实抓好社会管理创新综合试点工作，通过两到三年努力，在全市建立形成与社会主义市场经济体制相适应的社会管理体系，力争成为全国首批社会管理创新示范城市。

市委中心组成员，各区县、各部门有关负责同志参加了报告会。

2011年6月15日，《西安日报》头版新闻告知，6月14日上午市委中心组举行学习报告会，邀请《天大的小事》作者王力作《"天大的小事"考问社会管理》专题报告，市委副书记、市长陈宝根主持报告会并讲话。文章说道：

"王力同志是我国著名的社会管理学者，长期从事软科学和决策科学研究，在全国率先系统地开展了'中国特色社会管理'研究，并取得了丰硕的成果。报告会上，王力同志通过大量的生动案例和深刻的讲解，勾画了一幅城市如何让生活更美好的画卷，内容丰富、对比鲜明，对于我市进一步加强和创新社会管理工作具有很强的指导意义，使与会同志深受启发。"

会后，西安市委致函感谢，其中写道："王力同志向市委中心组作了一场十分精彩的报告，通过大量的有关加强和创新社会管理的典型案例，以及国内外在社会管理方面的比较，使我市领导干部深受启发。报告会后同志们普遍反映王力同志在社会管理方面的确是一位资深的专家和学者，他的讲座条理清晰，阐述精辟，内涵丰富，外延广泛，对比鲜明，指导性很强，对我市今后做好社会管理工作具有很高的参考价值。"

市委理论学习中心组 2016 年第 3 次学习扩大会强调

坚持以人为本 尊重城市发展规律
加快建设文明幸福吉林

市委书记赵静波主持会议并讲话

本报讯(记者 彭亚娟)

7月22日,市委理论学习中心组召开2016年第3次学习扩大会,深入学习习近平总书记关于"以人民为中心"发展思想的系列论述,强化我市领导干部的服务意识、创新意识,切实提升城市建设管理和社会治理能力。市委书记赵静波主持会议并讲话。著名决策咨询专家、创新思维学者、北大客座教授王力作于题为《天大的小事》考问城事管理的专题辅导。

王力教授对城市管理、社会治理有很深的研究,所著《天大的小事》曾获评"最值得推荐的一本书",受到时任北京市委书记刘淇、重庆市委书记汪洋等领导大力推荐。2011年该书由人民出版社再版,获评"加强和创新社会治理的典型案例读本",人民出版社向全国各省市领导专项推荐。实践证明,该书对提升社会治理、城市管理水平均起到了很好的外脑功效。

学习会上,王力教授围绕城市人性化设置、精细化管理,结合个人的学术研究成果,为大家作了精辟的阐述和讲解,报告内容重点突出、数据翔实、案例丰富,对我市加强城市规划建设管理工作,也包括各级领导干部思考谋划其他重点工作都具有重要的指导意义。

精彩的辅导让聆听的机关干部深受教育、直呼过瘾。一位机关干部谈到听取辅导的体会时说,王力教授在辅导中说,城市管理是"天大的事",我们的城市是宜管的,市民不会去翻硬指标,只会感受身边小事。我觉得说到了现代城市管理的点子上。城市管理是社会管理的重要内容,它需要改变的不只是方法或理念,更重要的是理念,不论是城市的规划者、建设者,抑或是管理者,都需要把关注民生、以人为本放在首要位置,重人的生活需求,强调从人的尺度和人性化角度出发,运用宜人的方法开展城市设计,增强国民因认同感和幸福。

赵静波主持学习会时指出,随着东北老工业基地振兴和新型城镇化进程不断加快,城市发展已进入新的关键期,其引领经济新常态、贯彻落实发展新理念的功能和作用用越来越突出,做好城市工作的意义深远而重大。会后,大家要结合王力教授的报告,进一步学习贯彻中央和全省城市工作会议精神,坚持以人为本,尊重城市发展规律,新型产业基地和生态宜居城市的发展定位,统筹"空间、规模、产业"三大结构,"规划、建设、管理"三大环节,"改革、科技、文化"三大动力,"生产、生活、生态"三大布局,"政府、社会、市民"三大主体,加快建设创新吉林、法治吉林、生态吉林、开放吉林、文明吉林和幸福吉林。

市委理论学习中心组成员、市级领导;各县(市)区党委、政府主要领导,分管城市建设管理工作的市、高新区、经开区党工委书记、管委会主任,分管城市建设管理工作领导;北大深圳研究生院领导;中新吉林食品区及松花湖风景名胜区、哈达湾区域建设改造指挥部主要领导,分管城市建设管理工作的部分中层干部、街镇区、县镇区、龙潭干部,部分中层干部;街镇区、县镇区、龙潭管理部门有关负责同志参加了学习会。

2016 年 7 月 23 日,《江城日报》头版头条告知,日前市委理论学习中心组召开学习扩大会,深入学习习近平总书记关于"以人民为中心"发展思想的系列论述,市委书记赵静波主持会议并讲话。会上,著名决策咨询专家、创新思维学者王力教授作了专题辅导报告。文章说道:

"王力教授对城市管理、社会治理有很深的研究,所著《天大的小事》曾获评'加强和创新社会治理的典型案例读本',实践证明,该书对提升社会治理、城市管理水平均起到了很好的'外脑'功效。报告会上,王力教授围绕城市人性化设置、精细化管理,结合个人的学术研究成果,为大家作了精辟的阐述和讲解,报告内容重点突出、数据翔实、案例丰富,对我市加强城市规划建设管理工作,也包括各级领导干部思考谋划其他重点工作都具有重要的指导意义。精彩的辅导让聆听的机关干部深受教育、直呼'过瘾'。"

"赵静波主持学习会时指出,会后大家要结合王力教授的报告,进一步学习贯彻中央和全省城市工作会议精神,坚持以人为本,尊重城市发展规律,加快建设创新吉林、法治吉林、生态吉林、开放吉林、文明吉林和幸福吉林。"

北京市东城区图书馆

反馈函

尊敬的王力老师：

您好！非常感谢 8 月 6 日您到我馆与广大读者见面交流，解读《天大的小事》。您的讲座语言幽默生动，深入浅出，而且图文并茂，您运用大量国内外社会管理服务工作中的详实案例，通过红绿灯设置、导厕牌设计、就医过程中的"天大的小事"，使与会者进一步了解到"深化社会管理、细化城市建设"的重要性与紧迫性。

与会者一致表示，王力老师的讲座让我们对政府的管理创新服务有了更深刻的理解，政府部门所做的"天大的小事"铸就了每个个体的"小美好"，而民众"时时的幸福感"反过来更加激发社会活力，更加促进和谐因素。

讲座让与会者获益良多，在此代表大家一并感谢！

敬礼

北京市东城区图书馆
2011 年 8 月 8 日

与会者不乏上了年纪的老人家，有两个共同特征，一是生活并不富裕，另是关心身边的事情。当听说政府官员高度认同《天大的小事》创作理念时，一位老者起立为作品竖起了大拇指。

更意想不到的是，老人家执意自费购书，并讲"做好天大的小事不光是政府的事情。"

后　记

学做全职的"有知有识者"

　　2016年7月1日，习近平总书记在"庆祝中国共产党成立95周年大会"上发表了重要讲话。我先是从电视荧屏收看，接下来又从当天发行的《北京晚报》重温，在细嚼慢咽的过程中，除了深刻领悟到"**不忘初心、继续前进**"的主旨所在，同时还特别注意到"**各级领导干部要加快知识更新、加强实践锻炼，使专业素养和工作能力跟上时代节拍，避免少知而迷、无知而乱，努力成为做好工作的行家里手**"那段精辟论述。

　　感慨良多。不禁联想起习近平总书记关于"**形势变化了，任务升级了，如果还完全顺着既有的思维定式行事就可能会误事。所谓冲破思想观念的障碍，就是要破除妨碍改革发展的思维定式**"的相关论述，短短几十个字里，"**思维定式**"一词竟先后出现了两次。

　　算起来，此间在从事"决策研究"的同时一并开展"思维研究"已有二十几个年头，故而对"思维定式"的局限性、危害性感同身受。正因如此，在自家开办的"北京创新思维博悟馆"馆志中写道："作为国内最早从事策略研究的民间智库，从'极品师爷'到'编外资政'，缘何学历一般能力不一般，规模一般表现不一般，穷原竟委，答案与'思维方式'不无关系……"

　　作为国内绝无仅有的"有照从业"的独立学人，21世纪以来，随着课题方向和工作重心转移，与政府往来日渐深刻且为常态，所著"辅政读本"成为不少党政机构的施政参考，所言"见微知著"成为不少党委政府的理政思辨。教学相长，在与众多党政官员的交往互动中，我有缘从"非官方"的视角，零距离感觉到他们的所思所想，所困所顿。将心比心，发现其中不少"困、顿"其实与相关教案断代、师资断档不无关系。

本书前言标题为《学做称职的"读报用报人"》，提出这样的问题，其实是想探讨在"学习型政府"和"学习型城市"建设中如何好好学习、天天向上，而集结过往报章再度发声，既是对"教案断代、师资断档"的补充，也是对"学什么、怎么学"的有益尝试。于此，在所有看阅到的资讯中，《学习型政党学什么》一文曾有明确的提示：

一、向自己的历史经验学习。包括向自己犯过的错误学习。

二、向人民群众及其创造的先进经验学习。

三、向世界各国包括资本主义创造的人类文明的优秀成果学习。

从某种意义上讲，本书创作主旨与以上理念一脉相承，因此书中所述内容，既有"向自己的历史经验学习"，也有"包括向自己犯过的错误学习"，还有"向人民群众及其创造的先进经验学习"，更有"向世界各国包括资本主义创造的人类文明的优秀成果学习"。

正因如此，一部看似无奇、近乎文摘的著述，不仅著作者付出了看似不必要的心血，同时出版者也同样作出了看似不明智的投入，面对于此，无论是明眼人还是冷眼人，免不了都会暗自发问，在图书市场不甚火热的当下，"首印 10 万册"说明了什么，又意味了什么。

"说明了什么"，其实最好的说明莫过于现实工作中有太多太多的"少知而迷"；"意味了什么"，其实最大的意味莫过于如何辅佐城市管理者科学规避"无知而乱"。总而言之，无论是"少知"还是"无知"，改变现状的唯一途径只有"学而知之"，包括常态下的成人教育，也包括工作中的实践出真知，在有条件的情况下，前者更系统、更从容、更知性……

2016 年 7 月 14 日，《人民日报》头版头条开栏《调结构转方式，长三角城市群调研行》，开篇解读"上海如何用新理念催生新结构"。同一天，《北京日报》头版头条标题和《北京晚报》要闻版的通栏标题同为《北京市代表团赴上海学习考察，学习借鉴好经验，提高城市工作水平》。

两报读罢，感慨良多，作为本该引领、示范"世界城市"的北京，能够如此这般放下颜面、放下包袱向尚而行，身为"知屋漏者在宇下"的北京市民、"知政失者在草野"的京城智库，真想为在"**两学一做**"大环境下如此坦诚的"**带着问题学，针对问题改**"击掌、点赞。

其实，一段时间以来，北京提升城市管理水平的论述常说常新，同时市委书记郭金龙也在《人民日报》连续发文《让新发展理念在北京落地生根》《深化改革，提升城市治理水平》，其中说道："**要以壮士断腕的决心加强治理，不能坐而论道，光说不做。但怎么做才能做到顺民意，还要让社会积极参与，这是学问。虽然难做，但是非做不可**""**要增强城市工作能力，各级领导干部要加强学习，解决好不会为、不善为的问题。**"

郭书记最近在《人民日报》发表的文章是 2016 年 7 月 19 日，标题为《治理大城市病，要用好治本良策》，着重强调"要切实把供给侧机构性改革作为治理大城市病，实现更高水平发展的治本良策"，这一天《北京晚报》的头版头条通栏标题为《着力深化治理大城市病》。

亦如世相所示，亦如书文所言，在五花八门的"城市病"或"大城市病"中，无处不在的"城市牛皮癣"最痛痒难揸，最乱眼乱心。因此，当"13 个部门管不好一张小广告"之际，当"九龙治水久治无果"之时，《一纸缠》敢于、乐于奋起揭榜，既有"十年一谏"的厚积，也有非我莫属的薄发，"我"是什么，用上述文章的话讲，既是"参与"，也是"学问"……

近年来，"城市病"防治工作逐渐提上政府议事日程。如同人得的病越来越罕见，病因也越来越耸人听闻，原本赖以安身、视为后盾的城市，也会悄无声息地患上稀奇古怪的"城市病"，让你无所措手足，无从说起，也无从治起。

何为"城市病"，病症又如何，2013 年有缘受聘"北京西城区宏观决策顾问"，在相关会议上，我给城市病原有注释又加了几条新说法，包括"后天得的先天病""穷人得的富贵病""急性得的慢性病"云云。

在所读到的有关"城市病"的报章里，有两篇文章写得很有看头，也很有嚼头，一篇是 2016 年 2 月 19 日《新华每日电讯》的《当中部小县城遭遇"大城市病"》，另一篇是 2016 年 3 月 25 日《人民日报》的《"小城市病"不比"大城市病"小》，前文从亲历者的视角细说所见所闻，后文开篇则直言"说到城市病，许多人都以为那是大城市才有的问题"。

由此想开来，尽管本书开篇从北京常务副市长感慨说开去，尽管本书内文引经据典多为京媒报章，但需要特别说明的是，"本书并非专门说给写给北京看"。客观而言，并非很多年以前，其实北京并不堵车，并无雾霾，甚至当"过来人"提示未雨绸缪，我们也曾一笑了之。

实践出真知，但此实践非彼实践，既有"不养儿不知父母恩"的亲身体验，也有"他山之石可以攻玉"的拿来借鉴，总之，有些事情非亲身体验不可，而有些事情则听人劝吃饱饭。换言之，随着城镇化进程不断推进，对于优哉游哉的二三线城市来讲，天方夜谭般的"大城市病"，也会传染，也会蔓延……

在唐山抗震救灾和新唐山建设 40 年之际，习总书记前往唐山并发表重要讲话，指出："要总结经验，进一步增强忧患意识、责任意识，坚持以防为主、防抗救相结合，坚持常态减灾和非常态救灾相统一，努力实现从注重灾后救助向注重灾前预防转变，从应对单一灾种向综合减灾转变，从减少灾害损失向减轻灾害风险转变，全面提升全社会抵御自然灾害的综合防范能力。"

与自然灾害相比，"城市病"虽不似洪水猛兽，但习总书记的指示同样一言九鼎。换言之，"城市病的防抗救"同样讲究门道，讲究力道，而"预防"则更有真性情，学会科学的预知预判，"心算不让天算"并非想入非非。

本书封底"一流智库会把更多的时间和精力用于研究前瞻性问题，事先准备好政策建议，早早赶到前面，搬个小板凳在政府要路过的地方等着"那段语录，不仅标明了"预知、预判的长度与跨度"，同时一语双关，所谓"旁观者清"，一定要有长时间静观；所谓"当事者迷"，一定也只是一时一事思绪不清。

我的本职工作是"决策咨询",但基础研究是"决策科学"。什么是决策科学,长话短说,老话新说,就是"**不谋全局不足谋一域,不谋万世不足谋一时**"。再换言之,研究决策科学,学会科学决策,其实为的是能够尽量在事先作出符合客观发展规律的"预知、预判"。

从一定程度上讲,决策科学是"应用科学",术业有专攻,因此"案例教学"是其灵魂所在,"拿捏适度"是其灵动所为。尤其面对"早来一步赶上穷、晚来一步穷赶上"那类充满变数与无奈的烦心事,最终往往要借助"运用之妙,存乎一心"的神来之笔,只是落笔之前虽然少不了"大数据"和"小数点",但最终"度"的把握与设定,则完全仰仗近乎直觉的"适度拿捏"。

从对自然灾害的"防抗救",联想到对"城市病"的预知预判,从对预知预判的机理分析,过渡到对"适度拿捏"的相形描述,意在最大限度扩容阻击"城市病"的保险系数。越是疑难杂症,越是不请自来,如何强化自身命门,怎样掐住病魔七寸,本书承载与期待的或许超越了书名本身……

年初,中央出台《关于进一步加强城市规划建设管理工作的若干意见》,其后不久,2016 年 2 月 23 日《人民日报》发表陈凌的《科学规划让城市安顿身心》,其中"城市必须不再像墨迹、油渍那样蔓延,一旦发展,他们要像花儿那样呈星状开放,在金色的光芒间交替着绿叶"的寄语让人心旷神怡。

多么美好的情景与愿景,既有童话般的观感,也有现实般的质感。回到"城市规划"的话题上,尽管市民就是市民,说不清原理与门派,但"科学规划"的切身感受,每个普通人都有不普通的发言权。换言之,脚对鞋的款式难有说法,但脚对鞋的舒适却多有感言。甚至,同一个人,同一双脚,上午与下午,左脚与右脚,都会对鞋有不同的期待。

如同路面宽窄有说法,楼体着色有讲究,包括本书谈及的"公共广告栏",其实也该早早纳入城市科学规划中。谈及此,不妨对相关场景做些回放,倘若事先有约定、有设定,十数年来,13 个部门不至于被一张小广告折腾得苦不堪言……

用心善治，才能提升"城市温度"

——树立以人为核心的城市观④

徐立星

城市的善治，归根到底是让生活更美好，落脚点就在城市的管理和服务上

（本系列评论到此结束）

人民日报

去年12月中旬中央政治局召开会议，分析研究经济工作、研究部署城市工作，为此新华社发文《端正发展思想，让城市更宜居》，详细解读"从中央政治局会议看未来城市工作新动向"，其中两个重点与本书、本章关联甚密：一是"城市病问题出在城市规划上"，二是此前的"城市观"亟待端正。

什么是"城市观"，今年初《人民日报》围绕"树立以人为核心的城市观"连续发表评论员观察。1月6日姜赟撰写的文章题为《科学规划才能拥有"诗意栖居"》，1月12日徐立星撰写的《用心善治，才能提升"城市温度"》同样看点多多，结尾那段"用善治呵护城市风景，提升城市温度，连接每个人的幸福，这样的城市，才能安放人们的梦想，才能让生活更美好"，回味无穷，余音绕梁。

老北京常说"一就事儿"，由此说开去，城市科学规划还有许多的当仁不让与不可或缺，因此在努力提升"城市温度"的当下，如果未能在先期规划"一就事儿"加温调色，其后的管理服务再是精细化，再是人性化，来自先天的困扰也还是会让后天疲于应对，忙于补台。

事实证明，"城市病"欺人太甚也欺人太"弱"，因此"让改革带着温度落地"也是为了提高城市综合免疫力。除去城市的温度，其实"城市的气度"也属稀缺资质。气度不同气势，但可以营造气场；气度虽无地标可言，但最能接地气。大音稀声，大象稀形，据说有此撑腰，城市精神不用扬声自放歌；据说有此托举，"即便有市声有烟火气的城市也照样宜居"……

智库所言，不同网民吐槽，在提出问题的同时一并提出解决问题的思路，是此间一直以来的原则。不同的是，咨询公司提出问题不收费但拿出解决办法要掏钱，而行至非盈利的智库层面则不然，讲究有备而来，恪守言无不尽，"钱染的风采"与职业风骨相去甚远。

"学术是一场寂寞的长跑"，身体力行，始知难捱与难得，故而在"独处哲学"中领悟到"在独处中莫忘遇见不同的自己"。何为不同，缘何不同，据说异同同体同根，据说"吃饱了撑的也要讲究系统工程"。

29年前从报社辞职下海，不仅所创行业鲜为人知，同时"王力"姓甚名谁也不为人知。某日寻生计，遇农企老板，咨询"何为知识分子"，反复答来，对方概不买账。临别，临了，此公不紧不慢、不咸不淡撂下一句"知归知，识归识，有知无识不可妄称知识分子"。

一路无语，一生难忘。多年之后悟出"清醒源于昏热，成熟始自难堪"。友人书赠，静置案前，传家无宝，此句，此字，奉而代之。

任重道远。有时候路在脚下，有时候脚在路上，似是而非，不同状态有不同的心态，不同心态有不同的状态。本书读者多为有学位的城市管理者，身在其位当善谋其政，怎样呵护原住民、怎样包容"外来户"，世事难料，只有"知"或只有"识"似不全面，如有可能，如有兴致，不妨"学做全职的有知有识者"。

2016年8月16日／北京创新思维博悟馆

责任编辑：雍　谊

图书在版编目（CIP）数据

一纸缠："老剪报"杠上小广告／王力　著．—北京：
　　人民出版社：北京日报出版社，2016.9
ISBN 978 - 7 - 01 - 016662 - 9

I.①—…　II.①王…　III.①城市管理－研究－中国　IV.① F299.23

中国版本图书馆 CIP 数据核字（2016）第 204889 号

声明：为确保本书所述内容的真实性，作者在谈及媒体披露的社会新闻时，特将相关
　　　报章对应图文做了公示，并标明时间、出处及作者。相关问题请与本书责编雍谊
　　　联系，电话010 - 84095095、18611718792。

一　纸　缠
YI ZHI CHAN
——"老剪报"杠上小广告

王　力　著

人民出版社
北京日报出版社　出版发行

（100706　北京市东城区隆福寺街 99 号）

北京盛通印刷股份有限公司印刷　新华书店经销

2016 年 9 月第 1 版　2016 年 9 月北京第 1 次印刷
开本：710 毫米 × 1000 毫米 1/16　印张：13
字数：180 千字　印数：000,001 - 100,000 册

ISBN 978 - 7 - 01 - 016662 - 9　定价：49.00 元

邮购地址 100706　北京市东城区隆福寺街 99 号
人民东方图书销售中心　电话（010）65250042　65289539